RARA AVIS
UNA SEGUNDA OPORTUNIDAD PARA VIVIR

Λ˘
TTI
CUS

Rara Avis.
Una segunda oportunidad para vivir.
Un testimonio real vivido en primera persona sobre el Suicidio,
Brotes Psicóticos, Hipersensibilidad, Ansiedad, Depresión y Medidas Coercitivas.
1ª edición: Junio 2024
2ª edición: Noviembre 2024
© Julio Balbás Castro, 2023, 2024
Contacto: info@juliobalbascastro.com
© DEL PRÓLOGO: Lola Fernández Ochoa
REVISIÓN: Jesús Cristóbal (actor, autor y director)
PORTADA Y CONTRAPORTADA: Luarca (Asturias) –
FOTOGRAFÍA: Julio Balbás Castro

DL: BU 213-2024
ISBN: 978-84-128693-4-7

JULIO BALBÁS CASTRO **RARA AVIS**

UNA SEGUNDA OPORTUNIDAD PARA VIVIR

Un testimonio real vivido en primera persona:
Suicidio, Brotes Psicóticos, Hipersensibilidad,
Ansiedad, Depresión y Medidas Coercitivas

Λ͘
TTI
cus

A mis seres queridos y a ti que lo estás pasando mal

"Pregúntate si lo que estás haciendo hoy te acerca al lugar en el que quieres estar mañana."
Walt Disney

Burgos, jueves 04-08-2022 – 15:45h.
Burgos, viernes 19-01-2024 – 18:45h. / Lunes 15-04-2024 – 00:00h /
Domingo 05-05-2024 – 15:10h

ÍNDICE

Prólogo

Todos hemos perdido a algún ser querido. El dolor, la tristeza, el vacío y quizás la rabia son algunos de los sentimientos que experimentamos. Pero... ¿y si ese ser querido se ha suicidado? Eso no nos pasa a nosotros. Sueles oírlo en las noticias, le pasa a algún vecino, a un conocido de un conocido... pero a nosotros nunca ¡hasta que te pasa!

No puedo explicar todo lo que sufres, piensas y te atormentas porque es inexplicable. El sentimiento de culpabilidad ¿qué podría haber hecho para evitarlo? Ahora que sé un poco más y he pasado mi duelo aunque no mi tristeza, tengo claro en qué fallé, ¡no pedí ayuda!, respeté su decisión de no contarlo, fui cómplice de su vergüenza y ahora me arrepiento.

Julio Balbás llamó un día al teléfono de la fundación que he creado en honor a mi queridísima hermana y me pidió que hiciera el prólogo de su libro Rara Avis, una segunda oportunidad para vivir. En un principio me pareció algo imposible, ¡yo nunca había hecho algo así! Pero solo la idea de poder ayudar a quien esté sufriendo una depresión o alguna enfermedad mental, y a esas Familias que como la nuestra no supimos lidiar con esta situación, me motivó a intentarlo.

Me mandó el extracto de su libro y... ¡Ojalá lo hubiese tenido cuatro años antes! Las herramientas, estrategias y recursos para salir adelante, clarificar y remontar son esclarecedoras. Julio, gracias por tu generosidad al compartir tu testimonio.

La salud mental es una asignatura pendiente en nuestra sociedad, visibilizar, normalizar y quitar el estigma es fundamental. Os deseo a todos los que estéis pasando una situación difícil que os apoyéis en vuestros amigos y Familiares y que PIDÁIS AYUDA, veréis que no estáis solos.

Lola Fernández Ochoa
Presidenta de la Fundación Blanca
Febrero 2024

Introducción

UNA segunda oportunidad para vivir es lo que tuve tras intentar suicidarme con 22 años.

"Rara Avis" es el seudónimo que quise ponerme entre la década de los 80 y los 90, que fue cuando sentí la necesidad de expresar mis sentimientos de algún modo. Ante los demás sentía que era una especie de bicho raro, que no encajaba dentro del rebaño, de ahí ese sobrenombre: "Raro". Lo empecé a usar como título de los escritos que iba redactando cada vez que algo me ocurría y me afectaba notablemente. Eso resultó ser para mí una gran vía de escape, que me ayudó a superar importantes momentos críticos. Algo que usaría el resto de mi vida.

Mi impulso y principal motivación para ponerme a escribir este libro se despertó al ver un vídeo con una entrevista que le hacían a Ángel Martín acerca de su libro *"Por si las voces vuelven"* y al escuchar un Podcast que hizo con Mercedes Milá. En una de sus Stories de Instagram escribió la siguiente frase: ¿Si eso tuyo le estuviera pasando a un amigo que le dirías? Todo eso sabiendo que, justo cuando salió del hospital buscó algún libro de alguien que hubiese pasado lo mismo y hubiese remontado, para usar las mismas estrategias o herramientas. No lo encontró. Yo ya había realizado muchos escritos antes, durante muchos años, pero todo estaba desestructurado.

Escucharle me hizo "clic" en el cerebro y se encendió la bombilla de la ilusión, la esperanza y la creatividad. Me propuse estructurar todo lo que había vivido, pensando que mi experiencia podría servir a otras personas, puesto que yo había sobrevivido a un intento de suicidio, 4 brotes psicóticos, crisis existencial, hipersensibilidad, ansiedad, depresión y medidas coercitivas.

Aparte de la dificultad de estructurarlo todo, tuve que tener muy en cuenta otro aspecto importante para la elaboración de este libro: la posibilidad de tener alguna crisis o brote mientras lo redactaba. Me vino muy bien haberme encontrado por el camino con la sabiduría de personas tan relevantes en el ámbito del conocimiento de nuestro cerebro, como Mario Alonso Puig, ya que he podido comprender mucho mejor cómo funciona el mío en los momentos de crisis. Especial atención presté a la maravillosa meditación que aparece en su libro *"Resetea tu mente. Descubre de lo que eres capaz"*. ¡He de decir que me ha cambiado la vida por completo!

Algo similar me ocurrió tras conocer el libro *"Neurociencia del cuerpo"*, de Nazareth Castellanos.

Otro aspecto que también me motivó para escribir este libro fue el hecho de ver en Burgos el documental *"El viaje. La medalla de la salud mental"*, que trata sobre la importancia de la misma en el deporte, con la esquiadora Blanca Fernández-Ochoa como hilo conductor; una persona muy especial con la que siempre me he identificado por tener el mismo diagnóstico. Nunca olvidaré la sensación que me produjeron las palabras tan emotivas que dijo su hermana Lola en el coloquio que tuvo lugar después de ver el documental ¡me puso la piel de gallina! No sólo me motivó, sino que también avivó el deseo de seguir adelante con mi propósito.

Así se inició el proyecto, proceso creativo y de sanación más importante de mi vida, sabiendo que todo lo que aquí se cuenta está basado en hechos reales.

Según los últimos datos del INE, España registró 4.227 suicidios en 2022, mientras que por accidentes de tráfico fallecieron 1.815 personas. Lo curioso del asunto es que apenas se realizan campañas de sensibilización acerca del suicidio, pensando erróneamente que puede hacer un efecto llamada. Tan sólo existe un nº de teléfono gratuito para prevenir el suicidio: el 024 - Línea de atención a la conducta suicida ¡ojalá lo hubiese tenido yo a mi alcance cuando quise suicidarme!

Sin embargo las campañas de concienciación de la DGT se hacen cada año, siendo extremadamente agresivas en el impacto visual que provocan en los ciudadanos, rozando el gore (ese parece ser su objetivo).

Conviene saber que existe una gran carencia de profesionales en Salud Mental en España ya que, según datos de Eurostat, la media europea de psiquiatras por 100.000 habitantes se encuentra en 19,1377 y España se encuentra por debajo de esta, con una ratio de 12 psiquiatras por cada 100.000 habitantes. Asimismo España cuenta solo con 5 psicólogos por cada 100.000

habitantes, frente a los 18 de media en la Unión Europea o los 26 en los países de la OCDE.

Estos datos son poco alentadores si uno pasa por un proceso de crisis de ansiedad, depresión o cualquier otro relacionado con la Salud Mental, ya que no tendrá el mismo apoyo y referencias que en el resto de Europa. Esperemos que con estos pequeños pasos que vamos dando se vayan adquiriendo las herramientas adecuadas para que cualquier persona pueda gestionarse por sí misma, mientras llegan más profesionales que trabajen para apoyar y evitar en lo posible que todo esto vaya a más, mejorando cada día la calidad de vida de las personas afectadas.

A partir de aquí he querido saldar las cuentas pendientes con el pasado, ponerme manos a la obra y ver de qué manera podría actuar. Dar un paso más allá de la mera observación. Y todo ello sabiendo que mi vida no ha sido precisamente un camino de rosas. Para poder comprender lo valiosa que es han tenido que pasar más de 30 años desde que tuve una segunda oportunidad para vivir ¡y la he aprovechado al máximo!

A lo largo de todo este tiempo he adquirido una gran resiliencia, que ha hecho posible que me vuelva más estable, consciente y fuerte. Pensar que todos vamos a pasar por el proceso de morir me ayuda a tomar consciencia y a tener aún más ganas de seguir adelante, con más intensidad, ilusión e interés. En la "balanza de la vida", actualmente me pesan mucho más las ganas de tirar hacia delante que las ganas de morir.

Lo que antes podía durarme semanas, meses o incluso años, hoy puedo resolverlo ¡en un solo día!

Para poner en contexto todo ello es necesario comprender que todos los capítulos del libro guardan una relación estrecha (aunque son independientes) y que están interconectados entre sí, es decir: todo forma parte del todo. También conviene saber que aparecerán algunas siglas (en mayúsculas) cuyo significado se encontrará en la parte final, en el GLOSARIO, junto con la explicación de algunos términos usados comúnmente en Salud Mental. No debemos olvidar los últimos apartados del libro, con las 22 claves, las notas, testimonios, agradecimientos, finalizando con unas páginas en blanco que podrás usar para escribir tus propias ideas y lo que quieras recordar mientras lees este libro.

A medida que he ido escribiendo cada capítulo me he ido descubriendo más y mejor, generando fantásticas ideas y desarrollando un proceso creativo precioso. Es como cuando abres un grifo y empiezan a salir las ideas a borbotones. Todo ha ido fluyendo pero con perseverancia (yo ya me entiendo).

Aunque en multitud de instantes se ha convertido en un proceso catártico, al tener que rememorar cada uno de los episodios vividos, ha resultado ser muy enriquecedor realizarlo. Soltarlo todo es uno de los mejores ejercicios para evitar que algo siga atormentándote. No ha resultado nada sencillo, pero estaba lo suficientemente preparado y motivado como para "desnudarme" por completo y contar mi propia historia.

Quizá leer este libro te ayude a tomar consciencia, prevenir e ir por delante de la emergencia, antes de que sea demasiado tarde. ¡Espero que te sirva de ayuda!

"Lo peor de tener una enfermedad mental es que la gente espera que te comportes como si no la tuvieras."
Película "Joker"

"En dos palabras puedo resumir cuanto he aprendido acerca de la vida: sigue adelante."
Robert Frost

Julio Balbás Castro
Agosto 2023 / Enero 2024

1)
Con 22 años
intenté suicidarme

EL día 8 de octubre de 1991 acudí a urgencias por encontrarme muy angustiado, nervioso, triste, insomne, porque mi novia me había dejado 3 días antes.

Fue mi primer Amor, mi primera relación, mi primer beso...

Dado que demandaba una atención extrema y me negaba a ir a casa con tratamiento psicofarmacológico, estuve una noche en camas de observación del Hospital General Yagüe de Burgos con tratamiento ansiolítico. Me realizaron una analítica y pruebas de rutina, siendo dado de alta por la mañana con tratamiento ansiolítico y referido a mi psiquiatra del Centro de Salud. *"Presentando a raíz de la ruptura sentimental: ansiedad, tristeza, insomnio, angustia, apatía, desinterés y sensación de malestar general, el paciente sufre* Síndrome Ansioso-Depresivo*",* ¡ese fue mi primer diagnóstico, el primer hostión de los muchos que iba a recibir! Como postre, el informe médico me dedicaba estas bonitas palabras: *"el paciente presenta baja tolerancia a la frustración, es demandante de atención continua, nervioso, dependiente..."* Nunca había recibido tantos piropos en tan poco tiempo.

Al parecer yo era una de las típicas personas a las que no se les podía decir nada, porque se lo tomaban todo de forma personal ¿te suena de algo?

20 días después, la noche del 27 al 28 de octubre, llegué de madrugada a casa tras haber salido de fiesta con los amigos y haber bebido bastante alcohol. Empecé a tener sensaciones de no ser válido ni útil para nadie (ni siquiera para mi pareja, mi Familia o mis amigos). Me sentía incomprendido, insignificante, abandonado, anulado, falto de recursos como para poder lidiar con esa sensación. Todo ello potenciado por el efecto depresor del alcohol, que lejos de relajar la situación la empeoró aún más. Sentía que sin mi pareja no podía vivir ¡y me lo tomé al pie de la letra!

Fue entonces, en un arrebato que apenas duraría unos minutos, viendo que no podía soportar más ese sufrimiento psíquico, cuando el día 28 de octubre de 1991 con 22 años intenté suicidarme. Llorando a mares escribí a mi Familia una carta de despedida, diciendo que me había tomado unas 40-50 cap. de las pastillas que me había recetado mi psiquiatra una semana antes. No comprendía lo que me estaba pasando cuando tomé tal decisión y no pensé en las consecuencias que acarrearía. Esa fue la manera que se me ocurrió para solucionar todos mis problemas.

Sólo quería descansar en paz y sentía que el único modo de silenciar mi mente era suicidándome. No sentía que existiese otra alternativa, otra salida, pues mi mente estaba nublada por completo. Sin ser consciente en esos momentos, lo que pretendía era llamar la atención para que alguien me escuchara. Tenía tanta necesidad de Cariño, Amor y Comprensión ¿te pasa? Tal como dice Goethe: *"Hablar es una necesidad. Escuchar es un arte"*, yo necesitaba más que nunca ser escuchado ¡y no lo fui!

Mi ruptura sentimental hizo que sintiera como si de la noche a la mañana me hubieran quitado algo de lo cual estaba disfrutando un motón; las caricias, los besos, el cariño... Con ese "chute" de dopamina en el cuerpo y cargado de desesperación, no sabes qué hacer y sigues buscando los estímulos placenteros, la satisfacción instantánea sin encontrarla por ningún lado. Buscas una salida "agarrándote a un clavo ardiendo", bebiendo alcohol hasta perder el control, haciendo chantaje emocional a las personas que más quieres, sin hacerte responsable de tu vida y pensando que las cosas se solucionarán solas. Una trilogía del éxito: beber, chantajear y esperar milagros. ¡Un plan ingenioso, sin duda!

Creo que fue mi maestro interior y mi inconsciente creativo el que me dio la señal para que escribiera esa carta de despedida a mi Familia. ¡Si hoy estás leyendo esto es gracias a esa carta! Quise poner en manos del destino mi propia vida, rindiéndome ante la evidencia de no soportar más el dolor que sentía en lo más profundo de mi alma, tentando a la suerte para ver si merecía seguir viviendo, si merecía tener una segunda oportunidad.

Por aquel entonces y por mi grado de inconsciencia, irresponsabilidad, inmadurez y falta de conocimiento, no sabía que eso se iba a convertir en la primera prueba de fuego a la que me tendría que enfrentar a lo largo de mi vida.

Tengo muy claro que los medios utilizados por el psiquiatra en mi primera crisis no fueron los más adecuados, ya que lo que necesitaba era comprender lo que me estaba sucediendo y ser escuchado, sin tener que recurrir a psicofármacos y sufrir aún más sus consecuencias. Muy pocos especialistas de aquella época estaban experimentados, no tenían los conocimientos que se tienen hoy en día, a una gran mayoría les faltaba experiencia y práctica. ¡Por suerte las cosas han cambiado!

"

Por aquel entonces no era muy consciente de lo perjudicial que era el "apego excesivo" en una relación sentimental.

"

Aliviar el sufrimiento psíquico era una de mis prioridades vitales, y no encontraba solución al respecto, ni nadie que pudiera escucharme con atención para sentirme más aliviado. Lo más triste que me pasó fue con uno de mis amigos, ya fallecido. Y es que cuanto más necesitaba contar todo aquello que me hacía sufrir, lo que recibí fue un: "¡...*no me comas la cabeza...*!" Con todo eso la cosa se agravó aún más y pasó lo que pasó.

> *Comprendo perfectamente que por aquel entonces ni mis amigos, ni mi Familia conocían nada del tema, ni tenían las herramientas adecuadas para saber lidiar con esa situación.*

Por la mañana del día 28, mi hermana leyó la nota de despedida y automáticamente llamó a los servicios de urgencia, que me llevaron rápidamente al Hospital General Yagüe. Fui ingresado tras permanecer 24 horas en camas de observación, por *"autointoxicación medicamentosa, por intento autolítico"*, tras haberme realizado un lavado gástrico. Durante todo este proceso, pese a que estaba bastante sedado y somnoliento, recuerdo perfectamente la sensación de ahogo cuando me estaban metiendo el tubo por el esófago. ¡Si te digo la verdad, no repetiría!

> *Existía demasiada estigmatización acerca de la Salud Mental, y pocos se atrevían a dar la cara y hablar de su experiencia, por temor a ser rechazados incluso por algunos miembros de su propia Familia.*

Después de este acto comprendí lo valioso que yo era para mi Familia, ya que se volcaron por completo para que saliese adelante. A otros se la sudó por completo.

No fue hasta pasadas varias décadas cuando fui consciente de que la persona más importante de mi vida era yo. Así que debía ser a quien más tenía que proteger y cuidar ¡durante el resto de mi vida!

De los días que estuve ingresado poco recuerdo, pero sí que tenía una *"distonía mandibular aguda"*, según aparece en el informe médico, como efecto secundario provocado por la ingesta de tantas pastillas, que cedió con una inyección intramuscular. Posteriormente, al salir del hospital sin tratamiento psicofarmacológico, se me derivó al psicólogo del Centro de Salud de la zona donde vivía, con un segundo diagnóstico; en 20 días pasé del *"Síndrome Ansioso-Depresivo"* a *"Trastorno Adaptativo con Síntomas Emocionales Mixtos"*. ¿Cómo te quedas? ¡Pues imagínate cómo me quedé yo!

Pude constatar de primera mano que había muy pocos psiquiatras que supieran escuchar de verdad, y lo primero que se les ocurrió para atajar el problema fue recetarme pastillas, ya que era la vía más rápida y fácil para ellos. ¡Un gran error en mi caso, porque al final me las tragué todas!

El Psicólogo al que fui derivado se convertiría en uno de los mejores especialistas que me he encontrado por el camino. Con él todo cambiaría por completo.

Tras esta primera crisis aún no me podía imaginar que lo peor y lo mejor aún estaba por llegar.

El primer paso no te lleva adonde quieres ir
pero te saca de donde estás."
Anónimo

"Un viaje de mil millas comienza
con el primer paso."
Lao Tse

2)

Hasta la fecha
todo parecía "normal"

No fue sencillo preparar este capítulo, ya que la noche anterior, antes de empezarlo a escribir tuve que realizar una especie de lluvia de ideas, para poder clarificar todos aquellos instantes de mi infancia y adolescencia que considero importantes para comprender todo lo ocurrido en mi vida y que puede servir de ayuda para aquellas personas que estén pasando o hayan pasado por una situación similar.

Tengo muchos flashes, recuerdos muy dispersos, pero muy hermosos.

Soy descendiente de una Familia muy humilde. Mi padre trabajó durante toda su vida en la construcción, como albañil. Mi madre como ama de casa, al cuidado de sus hijos y del hogar.

Resulta asombroso, sorprendente y es francamente digno de admirar que pese a múltiples circunstancias adversas, hayan sabido sacar adelante a una gran Familia. ¡Gracias de todo corazón! ❤

Viviendo 7 personas en una vivienda de menos de 50 m² útiles, en ocasiones hasta 8 personas, la convivencia y la intimidad se convertían en algo imprescindible, a la vez que complicado. Pero lo más importante es que ¡éramos muy felices!

La verdad es que era todo tan hermoso, tan divertido cuando jugábamos juntos por casa, que nuestros padres muchas veces "renegaban" porque armábamos mucho barullo, y apenas éramos conscientes de lo que nos rodeaba y lo que en nuestro interior estaba creciendo, sólo queríamos jugar juntos, incluso "chinchándonos" unos a otros.

"

¡He tenido, tengo y tendré los mejores padres y hermanos del mundo, la mejor de las Familias!

"

Yo llevaba una vida muy normal, como la de cualquier otro niño y adolescente de mi edad. Lo que más disfrutaba eran los ratos en los que salíamos a la calle a jugar por la tarde, después del cole. Yo con mi bocata de más de media barra de pan con praliné, que disfrutaba enormemente junto a mis amigos, algunos con un trozo de pan y en su interior la típica tableta de chocolate. Las meriendas y los juegos en el barrio eran inolvidables.

Supongo que por aquel entonces de forma inconsciente se pudo abrir una pequeña "herida de abandono", cuando mi hermana nació. Yo era aún muy pequeño y demandaba mucha atención y cariño. Puesto que mi madre se tenía que ocupar de su cuidado, me las tuve que ingeniar para jugar sólo o con mi hermano en casa. Lo mejor de todo es que, cuando mi hermana creció, disfrutábamos muchísimo jugando juntos, y eso nos unió mogollón.

66

Recuerdo aquella foto en la que salgo con mi pistola de madera, que me hizo mi padre con todo el cariño y el Amor del mundo.

99

Por aquel entonces éramos muy creativos, haciéndonos nosotros mismos los juguetes. Recuerdo hacer algunos como tirachinas; máquina de petacos casera con una tabla de aglomerado, pinzas de tender la ropa, gomas y puntas; patinetes de madera con tablas y rodamientos; pistolas con las pinzas de tender la ropa; ballestas de pinzas con una tabla de madera, una goma elástica y la parte metálica de las pinzas de tender la ropa; cerbatanas con bolis bic, etc.

Otros de mesa como el monopoli los jugábamos en las escaleras de los portales donde vivíamos, con el consiguiente culo helado al pasar varias horas sentados. Ahí aprendimos a iniciarnos en el mercado inmobiliario.

También hacíamos verdaderos malabares para poder ver si funcionaban nuestros primeros teléfonos de vasos, hechos con un hilo y 2 vasos de plástico o 2 tarrinas de yogur. Y es que, para hacerlo más interesante, uno de los teléfonos lo ubicábamos en la terraza de la casa de uno de los amigos, y el otro teléfono lo llevábamos hasta el portal de enfrente, subiéndolo como podíamos entre ventana y ventana, hasta estar prácticamente a la misma altura: un 4º piso.

Cuando nos lo podíamos permitir, nuestros padres nos compraban unos paracaidistas, que soltábamos desde lo alto de un portal para ver cómo volaban, al igual que lo hacíamos con los aviones de papel, haciendo concursos de a ver quién se mantenía más tiempo en el aire y quién llegaba más lejos. Algunas rachas de fuerte viento se llevaron algunos aviones a otro barrio, perdiéndoles la pista.

Otro pasatiempos que teníamos, sobre todo yo porque me gustaba el dibujo, era el hacer grandes dibujos con tiza en el suelo asfaltado del barrio, con figuras que llegaban a superar los 30 metros. Usábamos las tizas de restos de escayola que encontrábamos en las obras que estaban haciendo en los alrededores del barrio. Mientras lo dibujaba apenas se podía vislumbrar el resultado final. Pero era cuando estaba terminado y subíamos a nuestras casas para verlo desde las alturas, cuando realmente se veía la magnificencia de cada figura.

Como otros niños y adolescentes, nos encantaban los retos entre amigos. Y los hacíamos subiéndonos a las paredes cual spiderman para marcar con tiza la altura más alta, con nuestro nombre, iniciales o una simple señal. Algunas veces para superarnos nos apoyábamos dando un salto final para llegar lo más alto posible, y eso provocaba que a veces las caídas no fuesen de lo más afortunadas.

66

Nos gustaba mucho investigar a los pequeños animales y plantas que había por el barrio, de ahí que en un futuro me gustase tanto la Naturaleza.

99

Como era un niño muy intranquilo mi madre me llamaba "jilguero", porque no paraba de moverme de un sitio para otro. Cuando crecí me puso el mote de "ingeniero de obras públicas", porque no paraba de dibujar y estudiar –tal y como me aconsejó ella: *"estudia hijo, estudia, para que no pases por lo mismo que nosotros"*–.

Entre esos retos, estaba el pique entre uno de mis mejores amigos y yo, para ver quién se mantenía más tiempo haciendo el pino sin apoyar la cabeza, sólo con los brazos. Recuerdo haber superado los 30 segundos.

Todo esto nos mantenía en forma y apenas existía la obesidad.

EGB

Como cualquier otro niño de mi edad en esa época, estudiamos EGB (Educación General Básica) desde 1º a 8º, con algunos años anteriores en párvulos (desde los 4 a los 6 años). Esto significaba que, desde los 6 hasta los 14 años teníamos que acudir a clase, algunas veces por la mañana y por la tarde. Yo lo hice desde el año 1975 al 1983.

Por aquel entonces teníamos clases muy numerosas, de unas 40 personas. Nos separaban por sexos teniendo las niñas clase en el lado derecho del colegio y los niños en la parte izquierda. Aunque después en el recreo compartiéramos el mismo patio, los profesores apenas nos dejaban relacionarnos vigilándonos en todo momento, para que no ocurriera nada "raro".

Al apenas tener contacto y trato con niñas, salvo cuando jugábamos en el barrio, y dado que era muy sensible, y en momentos de estrés me volvía una persona vulnerable y tímida, apenas me atrevía a hablar con ellas. Bajo factores de estrés me bloqueaba, me daba mucha vergüenza y no sabía qué contar. Emocionalmente aún no estaba preparado. Nadie me enseñó.

"

Es imperativo que los niños y jóvenes reciban una muy buena educación emocional, esto evitará posibles desequilibrios en su vida, y tendrán los recursos adecuados para saber gestionarse por sí mismos.

"

Con el resto de compañeros de clase jugábamos en el recreo a las canicas, al gua, al triángulo, etc.

Había épocas en las que intercambiábamos cromos para completar la colección de nuestros álbumes. Los que más me gustaron fueron el de "vida y color" y "naturaleza y color". ¡Siempre me gustó la naturaleza y los animales!

También hice la colección de cromos de "nuestros ejércitos", que era la típica que hacíamos prácticamente todos los niños de la época. Me dejó obnubilado ver tanto armamento, uniformes, graduaciones, emblemas, condecoraciones, etc. No podía imaginar que unos años más tarde me encontraría haciendo la mili obligatoria, algo de lo que hablaré más adelante.

En EGB había muchas asignaturas, pero las que mejor se me daban y las que más me gustaban eran "educación física y deportes" y "educación estética y pretecnológica". Y la que peor se me daba era "ciencias sociales", que me tocó recuperar en varias ocasiones en septiembre.

En "educación física y deportes" salíamos a una zona con arena para realizar saltos de longitud y lanzamiento de peso. En el salto de longitud era uno de los 2 mejores de clase, llegando a rondar los 4 metros en el salto. También corríamos alrededor de un campo de rugby. En gimnasia realizábamos saltos y volteretas en el potro y el plinton, cosa que también se me daba genial.

En "educación estética y pretecnológica" aprendí pirograbado, a coser, a realizar cuadros con punto de cruz, cuadros de hilos, cuadros de espejos pintados, la Torre Eiffel y otros objetos en marquetería, a pintar con óleo, a dibujar láminas de Emilio Freixas, a hacer mapas de conexiones, etc.

Gimnasia Deportiva

Al dárseme bien la gimnasia, cuando tenía 11 años vinieron unos señores del gimnasio discóbolo al cole, para hacer alguna prueba a los niños y ver a quien escoger entre todos. Una de las pruebas consistía en hacer el "puente". Al ver que tenía gran elasticidad optaron por seleccionarme junto con otros compañeros de clase. Nos llegaron a hacer pruebas de rayos X, para ver el estado de nuestra columna vertebral.

Durante 1 año estuve haciendo gimnasia deportiva en el gimnasio discóbolo, con una gran disciplina. Todos conocemos a grandes gimnastas y sabemos del gran esfuerzo que cada aparato requiere, así que nosotros no íbamos a ser menos, con la edad que teníamos.

66

En ese tiempo pude adquirir grandes habilidades físicas, mayor flexibilidad, agilidad, fuerza, concentración y equilibrio.

99

Pero lo que me parecía excesivo era cuando nos poníamos a hacer el spagat lateral, ya que para forzarnos, los instructores se ponían con sus manos en nuestras rodillas, y con su cuerpo apoyado en nuestra espalda nos empujaban hacia abajo, hasta tener que tocar con nuestro pecho en el suelo. Lógicamente eso hacía que la elasticidad en las piernas, abductores, etc. se incrementara, pero a costa de poder sufrir lesiones (quizá ese fue uno de los motivos que provocaron que en un futuro fuese operado de una hernia inguino-escrotal a punto de estrangularse).

Aprendí a hacer el salto mortal adelante, haciéndolo incluso sobre el potro, a hacer la rondada o lateral con salto, la paloma en suelo (front handspring) o flic-flac adelante, el pino en las anillas, el equilibrio de cabeza, llegaba a realizar cerca de 50 flexiones y subía una cuerda vertical con nudos sin apoyar las piernas, a pulso. Esto era parte de los logros que alcancé con el entrenamiento adecuado.

Lo que no podía imaginarme es que con todos los juegos que hacíamos entre amigos, saltando objetos de la calle, corriendo de un lado a otro, saltando desde las alturas, etc., estábamos siendo pioneros de lo que hoy se llama "parkour", y eso también nos mantenía en forma.

Al finalizar el entrenamiento del curso de gimnasia deportiva, por el mes de agosto, se organizaron unos campamentos en Quintanar de la Sierra (Burgos), a los que fui con 12 años (6º de EGB).

❝

Al ser un niño nervioso, tímido e inseguro, me costó mucho adaptarme a esa convivencia.

❞

Lo pasaba tan mal, me ponía tan nervioso, que apenas me daba tiempo a ir al baño con las tripas revueltas. Aunque tengo recuerdos muy gratos de estar sentados alrededor del fuego, junto con los compañeros y el grupo de chicas gimnastas que también fueron a esos campamentos.

Más adelante descubrí que esos nervios que tenía cuando algo me alteraba me repercutían directamente al estómago y a las tripas.

Llegué a montarme tal película en la cabeza, que tengo un vago recuerdo de los compañeros con los que me sentaba a comer, haciéndome la broma de espachurrar alguna alubia pinta diciendo que dentro había un gusano, y lo más fuerte de todo es que para mí aquello parecía real. Aquel suceso, junto con los continuos retortijones de mis tripas, provocaron que tuviese que pedir que viniera mi Familia a recogerme al campamento.

❝

"No es lo que nos pasa, sino cómo reaccionamos a lo que nos pasa". Supongo que aquello fue el inicio de lo que más adelante provocaría mis crisis.

❞

Al irme hubo una chica que preguntó por mí. Siempre quise saber quién era, hasta hoy en día, pues me pareció un acto de cariño muy bonito que nunca olvidaré.

Después de todo aquello no volví a entrenar más en el gimnasio discóbolo, pero recuerdo esa experiencia como una de las más bonitas y enriquecedoras de mi vida, y una de las cosas que ha hecho posible que hoy en día mantenga un buen estado físico.

"

Recomiendo encarecidamente que los niños hagan algo de gimnasia cuando son pequeños, para que se genere un hábito saludable cuando sean mayores, conserven esa memoria muscular y mejoren su flexibilidad y agilidad.

"

Dibujo Técnico

Como también se me daba muy bien la "educación estética y pretecnológica", pensé que ahí podría labrarme un futuro. Tras ver que la etapa de la gimnasia deportiva no siguió adelante, me planteé seguir estudiando algo relacionado con el arte, el dibujo y el diseño.

Antes de finalizar la EGB, un buen día vinieron a casa unos señores para hacerme unos test de inteligencia o algo similar. Al parecer en aquella época lo estaban haciendo por toda España, para reclutar a niños inteligentes y con grandes capacidades. Lo sorprendente del asunto es que, al hacer los test vi que me resultaba fácil encontrar la respuesta, por consiguiente, los terminaba rápido. Unos días después de entregarme los test vinieron para recogerlos y ver los resultados. Al cabo de un tiempo volvieron para decirme y decir a mis padres que había sido seleccionado para estudiar algo relacionado con la informática o similar en Madrid. El problema de todo esto es que ellos solamente se encargaban de pagar los estudios, pero no el alojamiento. Como mi Familia por esa época no tenía suficientes recursos, al final no pude hacerlo. ¡Quién sabe lo que hubiera sucedido!

Tras barajar varias posibilidades para estudiar algo relacionado con el dibujo, el arte y el diseño, vi que existía una carrera de bellas artes en la universidad de Salamanca. También lo tuve que descartar de inmediato por el coste que tendría.

Así que tuve que indagar por Burgos capital. Al final vi que existían estudios de FP (Formación Profesional) de delineación en el Instituto de FP (IES) "Enrique Flórez". Que tenía una duración la FP1 de 2 años y la FP2 de 3 años.

Analizando bien la situación, hablé con mis padres y les pareció bien esta idea, ya que sí que se lo podían permitir, solicitando alguna beca, para sufragar todos los gastos que estos estudios requerían (que no eran muchos, comparados con una carrera universitaria).

Tras terminar mis estudios en EGB con 14 años, me matriculé en el Instituto de FP "Enrique Florez" en el año 1983, para iniciar los estudios de delineación, es decir: de dibujo técnico.

Al inicio de mis estudios hacía la tarea y prácticas de Dibujo Técnico sobre una tabla de ocumen, tumbado en el suelo, hasta que mis padres me pudieron comprar una mesa de dibujo (con su paralex), que apenas cabía en la habitación donde dormía.

FP y CJH

Estudié FP desde el año 1983 al 1988.

El centro me pillaba a unos 17 minutos andando desde mi casa (a un buen paso acelerado), y a aproximadamente 1,5 km. Había cursos en los que tenía que ir tanto por la mañana como por la tarde. Al disponer de tantos días y tantos minutos a lo largo de los 5 años, tuve tiempo para andar entretenido durante los trayectos, y empecé a reflexionar sobre los tiempos invertidos, los pasos, km y pulsaciones... ¡Bendita locura!

En aquella época no existían las actuales pulseras de actividad, pero no fui consciente hasta hace poco de que fui pionero en el hecho de contar los pasos, las pulsaciones, los km, el tiempo que me llevaba ir desde mi casa al Instituto. Como anécdota curiosa, evalué todos esos datos:

- Un año en la vida de un estudiante comprendía aproximadamente 165 días de actividad.

- Si en un día realizaba 4 trayectos de 17 minutos, a lo largo de un año invertiría 11.220 minutos, y en cinco años 56.100 minutos.

- Si en un día realizaba 4 trayectos de aproximadamente 1.500 pasos cada uno, a lo largo de un año iba a dar 990.000 pasos, y en cinco años 4.950.000.

- Si en un día realizaba 4 trayectos de 1,5 km. cada uno, a lo largo de un año recorrería 990 km., y en cinco años 4.950 km.

- Si mi corazón late a una media de 60 pulsaciones por minuto, a lo largo de un año de actividad estudiantil iba a dar 673.200 (60x11.220), y en cinco años 3.366.000 p.p.m.

Todo ello nos da unas cifras que marcan el tiempo y el espacio necesario para llegar al objetivo de mi profesión:

38 días y 23 horas / 4.950 km. / 4.950.000 pasos / 3.366.000 p.p.m.

¡...Imagínate lo invertido en los estudios de EGB...!

Anécdotas aparte, ¡con esto me mantenía en forma!

Tal y como me pasaba en EGB con la asignatura de "ciencias sociales", que no se me daba muy bien, en FP existía la asignatura de "formación humanística". Precisamente las más específicas, técnicas y prácticas de delineación se me daban fenomenal: "técnicas de expresión gráfica" y las "prácticas" sobre todo.

En clase de FP éramos unos 25 alumnos de media, en lugar de los 40 de EGB. Y algunos compañeros tenían convalidadas algunas asignaturas, al venir provenientes de BUP, COU u otras FP o carreras.

En EGB todos éramos de la misma edad, pero en FP había mucha más diferencia de edades, aunque la gran mayoría estábamos dentro de la llamada "Generación Baby Boom".

Recuerdo haber dejado mis apuntes de técnicas de expresión gráfica a una compañera de clase, que nunca me llegó a devolver. Y el caso es que les tenía muchísimo cariño por la dedicación, empeño y tiempo que había invertido en ellos. Eso me llevó a desconfiar aún más en los demás.

Como era muy sensible, inquieto, tímido, tenía poca autoestima y falta de seguridad en mí mismo, era "carne de cañón" para los que abusaban de los demás.

Sin ser muy consciente de ello, por aquel entonces sufrí un episodio de lo que hoy se denomina "bullying", por parte de un compañero de clase que era mayor que yo. Supongo que por gustarme tanto el dibujo técnico y quizá por destacar sin querer, desperté heridas en algunos de mis compañeros.

Tal fue el acoso por parte de este compañero, que me empecé a sentir tan, pero tan mal, que tuve que contárselo a uno de mis hermanos. No recuerdo bien lo que realmente me hacía, pero sí el hecho de que no paraba de molestarme, de incordiarme, y eso me ponía muy nervioso y repercutía directamente a mi sistema digestivo, a mi estado emocional y a mi rendimiento académico. Fue entonces cuando mi hermano fue al instituto, junto con uno de nuestros vecinos, para hablar con este muchacho y "poner orden" en todo lo que estaba ocurriendo. Y ¡oye! la cosa funcionó y no me volvió a molestar más.

Recomiendo que la persona que sufra bullying lo diga cuanto antes a las personas de mayor confianza: su Familia, sus amigos, etc.

Supongo que a veces se activan en nuestro cuerpo mecanismos de defensa que bloquean algunos malos recuerdos o traumas del pasado, para no volver a experimentar esas sensaciones en el presente. En otras ocasiones simplemente ha pasado mucho tiempo y ya no se recuerdan aquellos hechos con tanta nitidez, sólo las sensaciones, registros y huellas emocionales que nos dejaron. En cualquier caso, este tipo de situaciones (como el bullying) hay que intentar resolverlas lo antes posible, o al menos trascenderlas, para que no repercutan directamente en el futuro / presente inmediato.

Al mismo tiempo que empecé los estudios de FP, me inscribí en un club para jóvenes que había junto a mi barrio. El club en cuestión se llamaba "Club Juvenil Horizonte" (CJH).

En él había multitud de actividades, y yo me inscribí en teatro y dibujo –impartiendo yo mismo las clases en ésta última área, ayudado por las láminas de Emilio Freixas–, posteriormente a excursionismo.

Antes de entrar en teatro comenté algo relacionado con la gimnasia deportiva y que era capaz de hacer un "salto mortal" adelante. Así que entusiasmados por ver si eso era cierto o no, un buen día me hicieron un corrillo a cada lado dentro la sala de música del club, para animarme a hacerlo y ¡menuda ovación recibí! Por primera vez en mi vida sentí que algo que sabía hacer servía para animar a los demás, ¡ideal para el teatro!

Estuvimos ensayando durante bastante tiempo antes de estrenar la obra "Evasión" en teatros de Burgos, Miranda de Ebro y Aranda de Duero. La verdad es que tuvo un gran éxito, y estoy enormemente agradecido a que el director de la obra y del GEM (Grupo Escénico Musical) me diera la oportunidad de participar en un proyecto de tal envergadura.

Durante los primeros años en el instituto, también hacía la tarea de dibujo técnico en la sala de prensa del club, mucho mejor que hacerla tumbado en el suelo de mi casa.

Mi paso por el CJH cambió mi vida por completo, ya que me ayudó a adquirir mayores habilidades sociales, a formar nuevas amistades que aún perduran hoy en día, a gestionar mucho mejor mi timidez, a disfrutar más de la vida, a "soltarme" más y charlar con las chicas sin ponerme tan nervioso.

Algo que también me apasionaba y que siempre me había gustado era la música. Ya de pequeño recuerdo grabar en mis cintas de cassette de 60 y 90 minutos canciones de la radio, dando vueltas con un boli bic hacia atrás la cinta, para "cortar" las palabras del comentarista de radio, y así escuchar sólo la música que me gustaba sin interrupciones.

Fue al entrar al CJH cuando vi que la cabina de pincha discos era el sitio donde yo quería estar, disfrutando de la música y haciendo que otros lo disfrutaran también. ¡Dicho y hecho! Me presenté al concurso que solían hacer cada año para la elección de pincha discos, grabando en una cinta de cassette durante unos minutos la música que más me gustaba. Y la cosa tuvo tal aceptación, que repetí año tras año, pasando una de mis mejores etapas en el CJH como pincha discos (desde el año 1991 hasta el año 1996). La música se convertiría en una de mis pasiones, mi terapia y bálsamo en los momentos difíciles.

Mi Primer Trabajo

Causalidades de la vida, antes de terminar mis estudios de FP en septiembre del año 1988 (me quedaron algunas asignaturas por aprobar en junio), mi padre se encontró una agenda por una calle de la ciudad.

Mi padre había estado trabajando para una empresa constructora durante muchos años de su vida y esa agenda era del dueño de dicha empresa constructora.

Esto ocurría alrededor de los meses de verano, junio y julio, y mi padre me dijo que, como estaba estudiando Delineación, que fuese a llevarle la agenda a la oficina donde se encontraba ubicada la empresa constructora. Y así lo hice.

Me presenté y saludé muy cordialmente (tal y como me habían educado mis padres) al empleado que me abrió la puerta de aquella oficina, situada en un 6º piso de un edificio que ellos mismos habían construido. Me invitaron a pasar al despacho del aparejador dueño de la empresa constructora y estuvimos conversando un buen rato.

Agradecido por el gesto de llevarle su agenda, me ofreció la posibilidad de mostrarle mis habilidades con el dibujo técnico, haciéndole algunos planos de edificios que tenía entre manos. A partir de ahí, vería qué podía hacer por mí y yo por ellos.

Pasados unos días, tras realizarle los planos a mano (como se hacían antes), fui de nuevo a su oficina y se los mostré, quedando muy sorprendido y agradecido. Me comentó que hablase con su hijo, que era arquitecto, para ver de qué manera podía ayudarle.

Eso hice, regresé de nuevo para hablar con su hijo y le preparé algunos planos que necesitaba. Curiosamente mi trabajo de fin de curso versaba sobre los planos del proyecto de un edificio diseñado por este mismo arquitecto. Y, si mal no recuerdo, finalmente los usaron.

66

De todo aquello surgió mi primer trabajo, con un contrato en formación de 1 año de duración, y en la categoría de calcador.

99

¡Recuerdo perfectamente lo entusiasmado que estaba tras recibir mi primer sueldo de 45.000 de las antiguas pesetas! Me saqué el carnet de conducir B1, me compré una cadena de música, me fui por primera vez yo solo de vacaciones por el norte de España...

La pena es que al no haber terminado los estudios de FP hasta septiembre de 1988, y al haberme contratado en agosto de ese mismo año, no pude optar a la categoría de delineante y, por consiguiente, mi salario como calcador fue mucho menor, aunque hiciese prácticamente las mismas labores que un delineante. Pero eso no me preocupó demasiado, ya que era muchísima mayor la ilusión que tenía por empezar a trabajar, que cualquier otra cosa.

Adquirí la formación y experiencias necesarias durante 1 año, desde el año 1988 al 1989, para más adelante trabajar como delineante profesional. Pero mi experiencia profesional se vería interrumpida por "la puta mili", que por aquel entonces era obligatoria y tenía una duración de 1 año. Poco sabía por aquel entonces de la objeción de conciencia y los servicios a la comunidad, así que la hice.

La Mili

Hice la mili en automóviles, en el reemplazo del 5º del 89, desde el año 1989 al 1990.

Lo mejor de hacer servicio militar obligatorio fue el trato con los compañeros. Compartir y convivir con personas de otros lugares de España me abrió mucho más la mente, para comprender que el compañerismo y el trabajo en equipo eran una de las cosas más importantes de la vida. Aparte de aprender a manejar "el chopo" o "CETME" (teniendo por cierto gran puntería en las prácticas de tiro), también adquirí una gran disciplina y respeto.

Fue en esta época cuando empecé a "beber como un cosaco", llegando en ocasiones a perder el control. No sabía decir NO por no sentirme excluido y rechazado, aparte de usarlo para superar mi timidez, convirtiéndose en uno de los principales detonantes de mi primera crisis y mi intento de suicidio.

De los test que nos hacían en el cuartel al empezar la "instrucción" (que duró 28 días), yo tuve que pasar por varias fases, junto con otros pocos compañeros. Ya se intuía que algo en mí no era normal, que quizá no encajaba en el rebaño.

Las novatadas eran algo normal por aquel entonces y todos pasamos por ello, incluso cuando éramos los más veteranos (o "bisagras") los que en vez de recibirlas las hacíamos. Supongo que todo aquello nos unió aún más, aunque no comparta las formas.

Al hacer la mili en el mismo lugar donde vivía, me saqué el carnet de pernocta, que me permitía poder dormir en mi domicilio, tras el período de instrucción de mi unidad de destino (que culminaba con la jura de bandera). Aunque muchos días me quedaba a dormir en el cuartel, ya que teníamos que madrugar mucho cuando tocaban diana y teníamos que formar.

Aproveché a sacarme los carnets de camión C y C1, que nunca llegué a usar.

Tuve también la suerte de participar como conductor del todoterreno típico de la mili, el *Land Rover 109 largo*, en varias expediciones, llevando materiales, algunos "mandos" y conociendo así otras ciudades de España.

Lo mejor de todo al terminarla, al licenciarnos, fue recibir "la blanca", la cartilla militar. Recuerdo la típica frase que se decía entre los compañeros del cuartel: «Me llaman "el lavadora", porque no me quedan días, me quedan *horas*».

Anécdotas aparte, la mili, que partió en dos mi carrera profesional, terminó el 01-10-1990.

Autónomo

Al terminar la mili tuve unos meses para poder reunirme con el arquitecto y la empresa constructora para quienes había empezado a trabajar antes de finalizar mis estudios de FP. Ya con un título de Técnico Especialista en Delineación, especialidad edificios y obras, podía ponerme a trabajar en la categoría que me correspondía.

Hablé con ellos para ver la posibilidad de ser contratado por la empresa constructora y así tener un horario fijo todos los días. Pero el arquitecto me cameló y me convenció con bonitas palabras para que me pusiera como autónomo, ya que así podría trabajar para otras empresas, entidades y técnicos. ¡Aquello sonaba genial! Aunque yo no lo llegué a ver del todo claro, ya que no tendría un sueldo fijo todos los meses, llegamos a un acuerdo para poder percibir algunos ingresos mínimos fijos y así hacerme cargo de los gastos que conllevaba el hecho de ser autónomo. No hubo ningún tipo de contrato, es decir: ninguna garantía salvo la confianza.

Aquello, lejos de tranquilizarme, me estresó ligeramente. Pero no tuve la confianza y seguridad en mí mismo para optar por otras opciones, apenas tenía experiencia profesional y vital, ya que tan sólo tenía 21 años.

El caso es que el día 01-01-1991 inicié mi carrera profesional como delineante autónomo. Algo que duraría 11 años, hasta finales del año 2001.

Lo mejor de todo fue que me permitió realizar trabajos para otras empresas, ingenieros y arquitectos, ¡y estuvo genial!, pero no tenía un horario estipulado y fijo, pues yo mismo era mi propio jefe. Tuve que adaptarme a los horarios del arquitecto para el cual realizaba la mayor parte de trabajos. Eso fue desajustando mi biorritmo volviéndome más vespertino, más persona búho que persona alondra.

"

Ganamos algunos concursos de edificios de viviendas, teniendo que estar noches sin dormir para poder terminarlos a tiempo.

"

No me gustaba dejar todo para el último día, pero no era sólo yo el que marcaba el ritmo de cada proyecto. El arquitecto y los colaboradores también tenían que avanzar para que pudiese terminar los planos a tiempo y todo eso me generaba mucho estrés.

El caso es que en este período realicé la delineación de la mayor parte de las viviendas de toda mi carrera profesional, ¡superando las 400! Al mismo tiempo realicé trabajos en otras áreas específicas, como edificación en general, edificación industrial, rehabilitación y acondicionamiento, urbanismo y urbanización, obras de infraestructura y transporte, ingeniería industrial, mecánica industrial, diseño gráfico-maquetación, educación-enseñanza, etc. ¡Y estuvo genial, porque adquirí tanta experiencia!

Como buen autónomo, yo mismo era el que gestionaba mis cuentas y realizaba todas las labores administrativas, contables y fiscales, con sus correspondientes facturas. Gracias a que hice un curso de *Derecho Tributario y Asesoría Fiscal* en el año 1994.

Al mismo tiempo que realizaba mis labores como delineante, acudía al CJH de vez en cuando para disfrutar de las actividades que allí surgían y empecé a crear nuevas amistades.

Aprovechábamos el tiempo haciendo un uso desmesurado de la máquina de cervezas, que por aquel entonces costaban unas 25 pesetas. Aún se podía fumar en sitios cerrados. Muchos días acabábamos borrachos tras salir de fiesta por el centro de la ciudad, habiendo bebido antes unas cuantas cervezas en el CJH. ¡Me pregunto cómo era capaz de llegar yo solo a mi casa a las tantas de la madrugada en aquel estado tan lamentable!

Poco a poco me fui relacionando con más personas y con algún grupo de chicas que me gustaban. Y, sin yo esperarlo, un día de reyes me enrollé con la que se convertiría en mi primera novia.

Mi primera relación

Tras una tarde de baile en el CJH, el sábado día 5 de enero de 1991, acompañé hasta su casa a quien se convertiría en mi pareja durante aproximadamente nueve meses.

Ya habíamos coincidido alguna que otra vez por el club, y nos fuimos acercando más y más, llegando a conocernos mucho mejor en poco tiempo. La verdad es que era una chica muy alegre que quería divertirse y pasárselo bien.

Tras tomar alguna cerveza que otra en el club y ponernos "alegres", empezó a surgir la chispa. Vivía lejos y, como buen caballero, siempre la acompañaba a su casa. Esa noche le di ¡el primer beso de mi vida!

A partir de ahí se inició un acercamiento mayor y con nuestras hormonas revolucionadas, lo que siempre andábamos buscando era un lugar seguro donde poder intimar. En mi caso también se convertiría en "la primera vez".

Me fui apegando a ella cada vez más y más. Mi frase estrella por aquel entonces era "sin ti no puedo vivir". Eso, junto con lo que llamo las canciones "corta-venas" que tanto escuchaba, acrecentaron mi sensibilidad y mi vulnerabilidad tanto, que ni me daba cuenta de lo que hacía y ocurría a mi alrededor, hasta que me dejó por sorpresa el 5 de octubre de 1991.

66

Mi alegría se fue transformando en ansiedad, tristeza y dependencia, hasta tal punto que llegué a creer que sin ella no podía vivir.

99

Quizá por no ser tan alegre como ella quería, por ser un "baboso" que apenas la dejaba respirar, y ser tan sensible, no quiso seguir con la relación. ¡Me había convertido en un adicto emocional y necesitaba mi dosis diaria! Privarme de ello provocó en mí un síndrome de abstinencia que tenía que cubrir de algún modo. Abrumado por la ebullición de mis emociones y hormonas no paré de insistirle con llamadas a todas horas, para ver si así lograba convencerla para regresar y seguir recibiendo mis dosis de cariño y placer diarias. No hubo manera y me negaba a aceptar tal situación, por lo que busqué otras alternativas: ¡sumergirme en el alcohol! Todo eso empeoró aún más la situación, ya que no era el camino que yo necesitaba. ¡Rumiando a todas horas no podía quitármela de la cabeza!

Fue un verdadero shock que me desequilibró por completo. Tuve que acudir a urgencias tres días después de que ella decidiera cortar conmigo, el día 8 de octubre de 1991, por *"encontrarme muy angustiado, nervioso, triste y sin poder dormir"*. El final de esta historia lo has leído en el capítulo 1.

Salvo por ese triste final, aprendí mucho y lo pasé muy bien con ella, ¡una relación que nunca olvidaré!

*"Todo hombre puede ser, si se lo propone,
escultor de su propio cerebro."*
Santiago Ramón y Cajal

3)
10 años gloriosos

EL período comprendido entre los años 1992 y 2001 fue fantástico, viví una etapa preciosa, creativa, alegre, gloriosa... Aunque llegaron nuevos episodios casi al final de dicho período, que transformarían mi vida personal y profesional por completo.

Tras la ruptura sentimental y el ingreso hospitalario que sufrí a finales del año 1991, fui derivado al psicólogo de mi centro de salud (sin psicofármacos).

Así como no tuve tanta suerte con el psiquiatra que me trató en mi primer episodio de ansiedad (lo que yo realmente necesitaba era ser escuchado y un poco de comprensión, no pastillas que me dejaran atontado y limitaran mis capacidades), con este psicólogo, con el que tuve consultas durante aproximadamente 1 año, sí que tuve una gran suerte.

Era alguien que se preocupaba por sus pacientes, sabía escuchar y orientar perfectamente, para que fuera adquiriendo las herramientas adecuadas y así poder gestionar mejor mis propias carencias.

Recuerdo muy bien cuando me hizo comprar varias revistas "para mujeres", para que pudiera ver los anuncios que en ellas aparecían, y así hacerme una idea de cómo nos ven los demás, en especial ellas.

Al tener una ligera adicción a las bebidas alcohólicas, mi imagen proyectada era bien distinta respecto a lo que yo veía en esos anuncios de modelos, con cuerpos esculturales.

Bien es cierto que dicho ejercicio no deja de ser una mera interpretación de cómo nos vemos, es decir: mera apariencia, pero también era una forma de tomar consciencia de mi estado.

Si quería alcanzar una mayor confianza y seguridad en mí mismo tenía que empezar a trabajar duro, así que mes tras mes fui a consulta con el psicólogo. ¡Me sentía genial cuando salía de allí! ¡Era un "chute de energía" bestial!

"

Las ideaciones suicidas se fueron desvaneciendo y aparecieron nuevas ganas de vivir y disfrutar la vida.

"

Los distintos test que realizaba fueron dando pistas al psicólogo, para ver de qué manera tenía que enfocar la terapia, para que fuese más efectiva. ¡Y oye, la cosa funcionaba! Cada día, cada mes me iba encontrando mucho mejor, cogiendo las riendas de mi vida de nuevo, y empezando a tomar mayor consciencia de todo lo sucedido. Eso me duró otros 10 años.

A la par que iba a consulta, también seguía trabajando como autónomo y yendo al CJH.

Durante los primeros años de trabajo como autónomo me fui posicionando y adquiriendo mayores destrezas y habilidades a la hora de delinear los proyectos. Los tiempos marcados se reducían al máximo, teniendo un muy buen rendimiento. El problema podía ser que todo eso degenerase en estrés laboral, pero no era consciente de ello en aquel momento. Seguía mi instinto, encontrándome en mi elemento, entrando en "estado de flujo" y concentración constantemente cuando delineaba los planos, muy motivado porque mi trabajo serviría para que otras personas pudieran tener un hogar.

En el CJH se organizaban muchas excursiones, rutas y acampadas en la naturaleza, cosa que me apasionaba. El problema era que en muchas ocasiones iba sin haber dormido nada la noche anterior, por haber salido de fiesta. Y claro, iba "muy alegre". Aunque normalmente se me pasaba durante el trayecto.

También era pincha-discos en el club. Y los que habíamos salido seleccionados teníamos marcados unos horarios, que teníamos que cumplir para que la discoteca estuviera abierta siempre.

Era sobre todo los fines de semana cuando más gente había, disfrutando de la sala de juegos, la sala de música, la sala de prensa y las distintas actividades que se ofertaban.

Me encantaba ir los sábados y domingos por la mañana, cuando no había mucha gente en la discoteca, para poner aquella música que tanto me gustaba. La verdad es que fue a partir de ahí que empecé a escuchar con menor frecuencia ese tipo de canciones que llamo las canciones "corta-venas", lo que me dio alas para escuchar temas más marchosos y animar aún más a aquellos que iban a la disco.

Ver como bailan la música que pinchas es una sensación increíble, un subidón de energía que uno no olvida fácilmente, ya que te ves capaz de cambiar el ánimo de la gente según el tipo de canción que pongas.

Me pilló justo el cambio cuando empezaban a aparecer los CD´s. Hubo que comprar un aparato reproductor que, conectado a la doble pletina y a los dos platos, hacían una mezcla genial, teniendo una pequeña sala de DJ con cientos (o miles) de discos de vinilo, CD´s y casetes. Lo mejor de todo es que podíamos comprar el tipo de música que más nos gustaba a los pincha-discos, y a petición popular. Mi cultura musical creció muchísimo y me familiaricé sobre todo con la música de los años 80 y 90, que tuvo un boom impresionante en esa época.

Hubo ocasiones en los que se celebraban fiestas, como "el día de la Paz", en los que el club se llenaba de alegría e ilusión, con algún que otro borrachillo de turno que se pasaba de rosca. ¡Pero lo pasábamos pipa! Muchas risas, muchos bailes, mucha alegría...

> **Empecé a notar cómo mi timidez iba desapareciendo poco a poco y me iba convirtiendo en una persona que le encantaba comunicarse, compartir experiencias y anécdotas.**

Fue una época en la que tocaba salir de fiesta, no por obligación, sino porque éramos jóvenes y teníamos ganas de disfrutar. Muchos días, tras estar toda una noche de parranda por el centro de la ciudad y la zona de las Bernardas, acababa con una sensación de vacío tan tremenda, que a altas horas de la madrugada y al amanecer llamaba a alguno de esos nuevos amigos para charlar y desahogarme. Qué bonito resultó ser aquello, pues paseábamos hasta Fuentes Blancas en multitud de ocasiones y allí, en contacto con la naturaleza, parecía que todo se colocaba en su sitio nuevamente.

No entendía por qué me sentía de ese modo por aquel entonces, pero se empezaba a vislumbrar que aquel no era mi camino: el estar todos los fines de semana de fiesta y bebiendo. Tomar consciencia de ello me abrió los ojos, viendo como algunos de mis antiguos amigos parecían tener celos de mis nuevas amistades, realizando en ocasiones comentarios despectivos (para hacer "la gracia"), otros sin embargo los aceptaron sin más. Pero yo mantenía el contacto con ambos grupos y procuraba llevarme bien con todos, aunque me fuese decantando más por el grupo que no bebía tanto, pues mi salud y bienestar estaba en juego.

"

Allá por el año 1996 tuve una crisis epiléptica mientras comía con mi Familia, seguramente debido al estrés laboral y la ingesta de alcohol. Me hicieron las pruebas pertinentes y todo parecía normal. No le di mayor importancia, porque no se volvió a repetir jamás.

"

No recuerdo bien el año, pero sé que fue entre 1995 y 1997 cuando se me cruzaron los cables. Todo ocurrió en una visita al club juvenil de Aranda de Duero. Fuimos en autobús hasta Aranda para compartir una jornada entre socios de uno y otro club, como hacíamos todos los años. Lo hicimos en esa ocasión a las afueras, con juegos varios. Tal fue el grado de borrachera que llegué a alcanzar, que empecé a sentir esa pequeña herida de abandono de la infancia, en la que nadie parecía hacerme caso y a nadie le importaba. Así que, sin comerlo ni beberlo, me fui por la carretera andando, para ver si podía coger un bus que me llevase a Burgos. Y todo esto lo hice sin avisar a nadie. El caso es que llegué a la estación de autobús de Aranda y no salía ningún autobús de inmediato para Burgos, pero sí para Madrid, que tenían mayores conexiones con Burgos. ¡Y me fui a Madrid! De allí cogí otro bus para Burgos. No recuerdo bien a la hora que llegué, pero sí que ya se hacía de noche. A todo esto, el director del CJH junto con el resto de compañeros, estuvieron preocupados buscándome durante horas por el entorno sin, claro está, dar conmigo. Al llegar a Burgos expliqué lo sucedido y quedó la cosa en una simple anécdota. ¡Menuda armé!

Tuvimos grandes instantes entre amigos en los que dejábamos que nuestra creatividad saliese a flote y nos grabábamos con un walkman haciendo programas de radio, en forma de humor.

También me encantaba la escritura y cada vez que algo me sobreactivaba, descuadraba o me alteraba, tenía la necesidad de dejarlo plasmado por escrito, para que me sirviera como terapia de descarga y desahogo, sin tener que molestar a nadie.

Estaba suscrito al círculo de lectores, ¡me encantaba también la lectura! Y los libros que solía escoger estaban muy relacionados con el autoconocimiento. Uno de los que guardo muy buen recuerdo es el que compré a mediados del año 1997 de *Daniel Goleman: Inteligencia Emocional*. Ese libro cambiaría mi forma de actuar y de pensar.

Tenía tanta energía en esa década que también decidí formar parte del colegio de delineantes de Burgos, como secretario y decano, entre los años 1998 y 2001. Aprendí mucho la verdad, y con un poco de esfuerzo pudimos hacer lo necesario para que no cerrara.

Entre octubre del año 1998 y junio del 99 estuve compartiendo piso con otro amigo reciente. La experiencia fue increíble e inolvidable. Aprendí a gestionarme sólo por primera vez (aunque con algo de apoyo familiar en las comidas).

En el verano del año 2000 tuve varias actividades con amigos, y una de ellas fue impresionante: montar a caballo de noche, con la luz de la luna llena.

Al mismo tiempo que contaba mis experiencias a la hermana de un amigo, todo entusiasmado, fue creciendo nuestra atracción, surgiendo en agosto del año 2000 mi segunda relación sentimental.

Apenas duró 1 mes y casi no tuvimos tiempo de conocernos mejor, pues yo empezaba a mostrarme del mismo modo que en mi primera relación; muy apegado y dependiente. No quería separarme en ningún momento de ella. Quería volver a experimentar de nuevo lo que se siente al enamorarse, con esas caricias, ese contacto, pero poco duró la ilusión, pues terminó al mes siguiente. No me afectó tanto como la vez primera, pues ya me había trabajado la timidez, la confianza y seguridad en mí mismo.

Lo que nunca llegaría a imaginarme es lo que ocurriría a finales del año 2000, cuando el 12 de noviembre falleció mi padre. Todo lo ocurrido entre esos meses, provocó en mi tal shock que decidí dejar de trabajar como autónomo a finales de noviembre, sin saber muy bien qué me depararía el futuro. Aún así empecé a estudiar una ingeniería de topografía fuera de Burgos en el curso siguiente 2001-2002.

*"Amarse a uno mismo es el comienzo
de un romance para toda la vida."*
Oscar Wilde

4)
Demasiados estímulos, demasiados detonantes

No ha sido nada fácil clarificar que una de las piezas clave en este rompecabezas ha sido el descubrimiento de los detonantes / desencadenantes de cada una de las crisis por las que he pasado, para comprender y saber cómo afrontarlas y resolverlas.

El intento de suicidio no fue provocado por un solo hecho, sino por un conjunto de factores que hicieron que, la gota que colmara el vaso fuese la ruptura sentimental. Todos los demás detonantes los he reflejado en la parte final del libro, en el apartado de notas (Año 1991: INTENTO DE SUICIDIO). A continuación he incluido las estrategias, herramientas y recursos que me sirvieron para salir adelante, clarificar y remontar. Las que más he usado y de las que más he aprendido en estos últimos años las puedes ver en el apartado de las 22 Claves.

Todo ello ha sido vital para poder descubrir que eran demasiados estímulos, demasiados detonantes los que siempre he recibido antes de que ocurriera una crisis. Pero lo más importante es que con el paso del tiempo los he podido identificar cada vez mejor, anticipándome a cualquier suceso crítico que pudiera suceder, y evitando así cualquier posible recaída.

El brote psicótico del año 2001 fue el que más detonantes tuvo (ver apartado de notas al final del libro). Quizá porque era el que contaba con menos recursos y habilidades y aún no había descubierto que no fue solo un hecho el que lo provocó, sino un conjunto de ellos.

Desde que tuve el intento de suicidio en el año 1991 hasta el brote psicótico del año 2001, pasé por una década de años gloriosos, en los que disfruté un montón de la vida. Lo que no estaba viendo es que poco a poco me iba sobreestimulando cada vez más, pues en ese estado de euforia las sensaciones son increíblemente gratificantes. Ver que esos estímulos a veces me afectaban hasta el punto de llegar a bloquearme por completo, me hizo investigar más al respecto y descubrí que era una PAS (Persona Altamente Sensible).

Descubrir que esa energía se puede llegar a controlar me dio las pistas suficientes como para tomar más consciencia de cada etapa de sobreactivación, observando todo con más detenimiento para poder controlar cualquier "pico" de estímulos, tal y como hace cualquier persona. La montaña rusa emocional ya no tendría tan pronunciados los altibajos y podría disfrutar de la "atracción" siendo muy consciente de ello.

66

Para entender mi primer brote psicótico
habría que observar lo sucedido con anterioridad
e ir viendo que todo se fue fraguando
poco a poco.

99

Había que remontarse hacia atrás para descubrir que el estrés laboral, el ser secretario y decano del colegio de delineantes de Burgos entre los años 1998 y 2001, la película Matrix (1999), el programa de Gran Hermano (GH) (2000), una nueva ruptura sentimental (2000), el fallecimiento de mi padre (2000), dejar de trabajar como autónomo y empezar como asalariado (2000), estar estudiando y trabajando a la vez (2001), el cambio de moneda de la peseta al euro, el atentado de las torres gemelas de Nueva York (2001), y no saber gestionar la información suministrada en las noticias; fueron otros tantos de los detonantes que, sumados a los anteriores, provocaron la crisis que tuve a finales de octubre de 2001.

Poco después me daría cuenta de que había otros tres aspectos que, de forma inconsciente, querría sanar para sentirme liberado de cualquier herida, atadura y bloqueo que pudiera condicionar mi vida en un futuro. Estos tres aspectos fueron: el temor a enfrentarme con otra persona, la vergüenza de que me vieran desnudo y el temor a ahogarme en el agua.

Los días previos al brote

El "caos mental" que se me formó con tantos detonantes fue tal, que no supe distinguir entre lo que era vital, importante, urgente o una mera distracción.

En los días previos al brote pensé en meter mi DNI en el microondas, para ver si así se quemaba el chip, con el que creía me estaban vigilando, pero investigué un poco y vi que se podía estropear el microondas, así que opté por algo diferente. Me fui a dar una vuelta por el Paseo de la Isla de Burgos, mientras mi mente no paraba de dar vueltas a lo mismo, mezclando las imágenes vistas en las noticias sobre las torres gemelas y Bin Laden, por el que ofrecían una importante recompensa en los Estados Unidos.

¡Yo tenía la certeza de saber dónde se encontraba el paradero de Bin Laden!, pero había tal caos en mi mente y me sentía tan observado, que decidí que era el momento de perder mi identidad como individuo y cortar mis lazos con el sistema, empezando a romper en pedacitos mi DNI y toda la documentación que tenía en la cartera. Después lo fui desperdigando por todo el Paseo. Sentía que me estaban extrayendo la energía como lo hacían en la película Matrix, siendo utilizado como una batería para suministrar la energía necesaria a las máquinas que gobernaban el planeta.

Todo esto se entremezclaba con la búsqueda de la manera de ponerme en contacto con las agencias de seguridad de los Estados Unidos, para darles el paradero exacto de Bin Laden y así poder cobrar esa suculenta recompensa. Y con mi mente colapsando al intentar hacer los cálculos necesarios para saber cuál sería la actual equivalencia en euros con respecto a la peseta.

66

Al ver tantas veces en las noticias el atentado de las torres gemelas y todas las investigaciones que estaban realizando para la busca y captura de Bin Laden, creí "ver entre líneas" que estaba escondido en una zona montañosa, bastante árida, en una especie de cueva, vigilada por sus secuaces.

99

Para evitar seguir siendo vigilado en el Paseo de la Isla y para clarificar todo lo que me estaba aconteciendo, busqué apoyo emocional en casa de una amiga, que vivía cerca. Al llamar a su casa y ver que no estaba, me sentí perdido, sin apoyo y sin ninguna referencia clara, así que decidí intuitivamente refugiarme en la Parroquia de San Pedro de la Fuente. Me senté tranquilamente en uno de los bancos, aquietando la lavadora que era mi mente dando vueltas sin parar. Allí sentí que todo volvía a colocarse en su sitio. Ahora comprendo por qué millones de personas buscan consuelo e inspiración en templos de este tipo, ya que tienen una energía muy especial que logra apaciguar a cualquiera.

Aun así, pese a esos breves instantes de calma, no fui capaz de separar y diferenciar cada uno de los detonantes que me estaban provocando la crisis. En mi mente se mezclaba todo y, para más inri, era capaz de agruparlo para que tuviera sentido, cuando en realidad cada parte era independiente entre sí y prácticamente no tenía nada que ver una con otra. Pero yo "seguía en mis trece", buscando la lógica a que todo lo que me estaba ocurriendo tenía relación: la película Matrix, el atentado de las torres gemelas, etc. No sabía parar los estímulos, es más, los buscaba sin ser consciente de que ese hecho estaba agravando aún más mi estado.

Me enredaba pensando que nos estaban bombardeando con noticias desastrosas y catastróficas y no eran capaces de dar más visibilidad a temas tan trascendentales como el suicidio, que tantas vidas se cobra hoy en día. No lograba encajar en ese sistema bajo ningún concepto. Me sentía incapaz de escudriñar los entresijos más profundos de mis pensamientos y emociones en esos instantes claves de mi vida. ¿Quién me podía decir que esa realidad paralela que estaba sintiendo no era la misma que se puede ver en la película Matrix?

La vida me estaba mandando señales muy claras de que debía parar, pero no pude frenar la inercia que llevaba y algo aún más grave estaría a punto de ocurrir.

"Hasta que lo inconsciente no se haga consciente,
el subconsciente seguirá dirigiendo tu vida
y tú la llamarás destino."
Carl Jung

5)
Desnudo por Fuentes Blancas. Mi primer brote psicótico

RA la fresca mañana del miércoles 31 de octubre de 2001. Me levanté temprano, desayuné y recogí mis cosas para ir en bus desde Burgos a Vitoria, donde estaba estudiando una ingeniería.

El autobús tenía que salir a las 07:30h de la mañana para Vitoria, pero ese día, que yo iba con el tiempo justo, salió antes de la hora prevista y lo perdí. Me dirigí a la taquilla para reclamar, pero no quisieron hacerme caso, ni siquiera para cambiarme el billete por otro nuevo en otro autobús que salía para Vitoria unas horas más tarde (no recuerdo bien, pero creo que era alrededor de las 10:30h).

Tenía que entregar en la biblioteca de la Universidad un libro con la simbología usada en Topografía y la fecha del préstamo expiraba ese mismo día.

Como tenía que hacer tiempo hasta el siguiente bus, decidí salir caminando de la estación pensando en lo ocurrido, "rayado" por lo que me habían dicho y por todo lo que llevaba acumulado de antes y me puse a andar por el centro de la ciudad, sin rumbo fijo, con el único acompañamiento de mis pensamientos.

Perdí la noción del tiempo y me metí en una especie de reality show, en el que el protagonista era yo. Tenía la sensación de que me estaban observando, como en la película "The Truman Show", o como en el programa de Gran Hermano. Me acerqué a uno de los parques de la ciudad, donde había unos servicios públicos y oriné pensando que me iban a analizar la orina aquellos que me vigilaban.

Salí de ahí y me puse a deambular por la parte sur de la ciudad, buscando los pasos de peatones por los cuales poder pasar al otro lado de la calle, sin encontrar ninguno, bloqueándome por completo, teniendo que caminar hasta encontrar algún semáforo en la lejanía.

"

Me fui metiendo en una realidad paralela, teniendo que buscar "anclajes" o referencias claras, para no perderme en el abismo de mis pensamientos y mi creativa imaginación.

"

Del sur de la ciudad me fui moviendo hacia la zona del parque de Fuentes Blancas, sin ser consciente del tiempo que iba transcurriendo. Recuerdo perfectamente cómo en una de las rectas que hay en el paseo del parque, junto a la carretera, empecé a sentir como si me observasen desde arriba, y tenía que representar el mejor papel de la película que estaba protagonizando para ellos. Fue en esa recta cuando al ver a un señor de lejos que venía de frente, distorsioné la realidad creyendo que era mi padre (fallecido el año pasado). Me emocioné mucho, pero seguí adelante al ver que no era. Al menos eso tenía que representar según el guión de la película.

Me acerqué hasta la Fuente de la Salud y vi a un chico con una moto. Me sentí molesto por el olor y el ruido en un parque natural como ese. Pensé que no era el lugar apropiado para llevar una moto. Me rayé tanto, que me monté otra nueva historia, enfrentándome a lo que ya he descrito en el capítulo anterior, el primer aspecto que, de forma inconsciente, quería sanar para sentirme liberado de cualquier herida, atadura y bloqueo que pudiera condicionar mi vida en un futuro: el temor a enfrentarme con otra persona.

Me imaginé que con las llaves de mi casa y del buzón, tenía que abrir el maletín de la moto de ese chico, para meter dentro el material que llevaba en mi mochila; los apuntes y el libro que tenía que entregar en la biblioteca de la universidad de Vitoria. Así que lo intenté estando el chico delante, con el consiguiente forcejeo, agarrándonos por el cuello para que cada uno pudiese conseguir su objetivo: él evitar que yo abriera su maletín y yo conseguir meter el material de mi mochila.

¡No hubo manera! Al parecer perdí el reloj durante la pelea y salí de allí corriendo para evitar que el muchacho llamase a la policía, sin entender lo que estaba sucediendo.

Estaba por la zona del restaurante que había cerca de los famosos toboganes de Fuentes Blancas. De ahí cogí dirección al río por un camino de piedras y tierra, por el que me fui desnudando sin motivo, descubriendo posteriormente que se trataba del segundo aspecto que, de forma inconsciente, quería sanar: la vergüenza de que me vieran desnudo.

Desnudo por completo, sin ropa ni calzado, empecé a correr tranquilamente por el camino que había junto al río Arlanzón, con dirección a la Playa de Fuente Prior. Los viandantes me miraban estupefactos y yo lejos de avergonzarme les saludaba tranquilamente.

Experimentando esa realidad paralela, comenzó a surgir una nueva historia. Empecé a imaginar que al otro lado de la Playa me esperaba mi amada (mi última y fugaz relación sentimental), tal y como aparecen en los informes médicos del ingreso.

En esa especie de "estado catatónico", ni sentía ni padecía dolor alguno. Fui descalzo por un camino de pedregal que me iba destrozando los pies, hasta que llegué a la Playa artificial de Fuente Prior. Me sumergí pretendiendo llegar a la otra orilla, en la que "supuestamente" me esperaba ella. Tenía que demostrarle que había superado esos miedos, con el tercer y último aspecto que, de forma inconsciente, quería sanar: el temor a ahogarme en el agua, ya que no sabía nadar.

Sintiendo el fango en mis pies al adentrarme cada vez más en el agua, llegó un momento en el que ya no hacía pie. Empecé a "nadar" a braza, de forma pausada, tranquila (al menos eso creo), y fui avanzando hasta llegar a la otra orilla. ¡Sorpresa!, la policía me estaba esperando, así que me quedé dentro del agua gélida del octubre burgalés. Me mantuve ahí, cuanto más me decía la policía que saliera, menos caso les hacía. Hasta que vi a una persona de paisano y sentí que me quería ayudar de verdad y me convenció para que saliese del agua.

"

Se trataba de un bombero fuera de servicio, que ayudado por el resto de compañeros que habían llegado a la zona (una dotación compuesta por un mando, un conductor y dos bomberos), me arroparon con ropa del compañero fuera de servicio y una manta, dándome masajes y friegas para hacerme entrar en calor, pues presentaba síntomas de hipotermia.

"

Posteriormente me condujeron hasta la ambulancia desplazada por los servicios sanitarios, que se hicieron cargo de mí. Estando somnoliento, ya que llevaba varios días sin apenas dormir y, metido en mi propia película, dije a los médicos que me habían robado y que quería escribir un guión de toda esta historia. Había bordado el papel que me había creado yo mismo.

Tras todos los acontecimientos ocurridos en este primer brote, fui consciente de que mi intención era salir fuera de este sistema que tanto nos oprime, dejando de suministrar mi energía para que otros parásitos se nutran de ella, ser libre por completo, sin documentación, desnudo, sin ego que valga, venciendo a mis miedos y sin nada más que mi propia esencia, como lo único que me diferencia del resto.

66

Puedo decir con total seguridad y sin temor a equivocarme que por un instante pude ser libre por completo, en conexión directa con la naturaleza.

99

Creo que a niveles de consciencia más elevados, en esos momentos estaba más conectado que nunca con el campo cuántico, experimentando las mismas sensaciones que años más tarde sentiría de forma directa en mis propias carnes, sentando las bases de mi futuro sin ser plenamente consciente de ello.

Hago un breve inciso en estos momentos para aclarar que el motivo de que conozca algunos de estos datos con tanta precisión es que solicité los informes médicos al HUBU y a los bomberos 17 años después de mi primer brote psicótico.

También fui al archivo municipal para ver si encontraba la noticia de este incidente que había sido publicada en el Diario de Burgos el jueves día 1 de noviembre de 2001. Tras varias horas de búsqueda, la encontré. El titular decía: *"Desnudo en la playa"*.

Tras este breve inciso, decir que los servicios sanitarios me llevaron en la ambulancia al hospital y pudieron ponerse en contacto con mi Familia gracias a que debí facilitarles el número de teléfono de mi casa. Me vieron una pequeña rozadura superficial en la piel en el hombro izquierdo y me estuvieron curando las heridas de los pies.

Estando en una sala de espera del hospital General Yagüe, comprobé que me habían atado por la cintura con una correa (para que no me escapara). Poco después vinieron mi madre y mi hermana para ver qué había pasado y se procedió a mi ingreso en la unidad de psiquiatría del Hospital Divino Valles de Burgos el día 31 de octubre de 2001, con el tercer diagnóstico de *"Trastorno psicótico breve sin desencadenante grave"*.

Estuve ingresado 10 días. Fueron cambios drásticos los que se produjeron a raíz de aquel episodio: dejé los estudios, dejé de trabajar como autónomo y comencé a trabajar como asalariado.

Pocos meses después de mi ingreso en la unidad de psiquiatría del hospital, sin yo esperarlo tuve otro ingreso, pero en esta ocasión fue a raíz de una *"hernia congénita izqda. estrangulada"*. El dolor llegó a ser tan insoportable que no tuve más remedio que acudir al hospital. Tras una operación de urgencia, estuve ingresado 5 días.

Al principio pensé que no volvería a poder andar correctamente, pues me dolía mucho y tardé un tiempo hasta que me fui acostumbrando al dolor, sin preocuparme tanto por ello y tomándome las cosas con más calma.

Con el paso del tiempo me fui recuperando y ese mismo año sucedieron cosas maravillosas.

Pero una de las cosas que más me motivaría para salir airoso de este profundo bache fue ¡un nuevo enamoramiento!

"Un día sin sonreír es un día perdido."
Charles Chaplin

6)

Nueva etapa: un nuevo enamoramiento

Antes de la operación de mi hernia inguinoescrotal empecé a usar un chat en internet, con la pretensión de conocer a alguien con quien poder expresarme con total naturalidad, para así ganar mayor confianza y seguridad, mejorando mi autoestima. Quería ver si se podía iniciar una relación de amistad o sentimental a distancia.

Y así fue como inicié una conversación con una chica de Canarias, muy amable, cordial y cariñosa, a quien llamaré Venus.

"

Costó bastante tiempo hasta que nos fuimos soltando y teniendo confianza el uno en el otro.
Nos intercambiamos fotos
y al verla me pareció una chica preciosa.

"

Nos conectábamos varias veces por semana y cada vez la fui conociendo mejor y ella a mí también. Una de las cosas que más me gustaba era la sinceridad con la que nos expresábamos, algo a lo que siempre he dado valor en mi vida. Poco a poco se fue convirtiendo en una gran amiga.

Esta fue una de esas cosas maravillosas que me sucedieron ese año 2002. Otra fue el viaje a Suiza que hice en el mes de agosto junto con mi hermana, mi cuñado y mi sobrino.

66

Es un viaje que guardo en mi memoria como una de las experiencias más maravillosas compartidas con mi hermana pequeña, mi sobrino y ahijado y mi cuñado.

99

Si esta maravillosa experiencia ocurrió en el mes de agosto, otra igual de maravillosa ocurrió en el mes de septiembre, pues tras haber hablado con Venus, decidí ir a conocerla.

Nunca antes había viajado en avión y esta se convertiría en una de las experiencias más excitantes y emocionantes de mi vida.

Había organizado todos los preparativos, reservas de avión y alojamiento, etc., y el día 20 de septiembre de 2002 me trasladé desde Burgos a Madrid para coger un vuelo a Gran Canaria. Un vuelo que disfruté muchísimo, sin perder de vista nada. A mi llegada me estaba esperando Venus, a quien conocí en persona por primera vez.

"

Resultó ser un encuentro muy emotivo, pues los dos teníamos muchas ganas de conocernos en persona. Aproveché esos ocho días junto a ella para recorrer la isla de Gran Canaria de norte a sur y de este a oeste.

"

Tras mi llegada al aeropuerto, fuimos a la capital para comer juntos y conocer a su madre, a quien llamaré Isis. Al verme se quedó sorprendida de "mis vestimentas" (algo de lo que me enteré posteriormente cuando me lo contó Venus), pues llevaba ropa cómoda y unos pantalones ligeros de varios colores, pensando que iban acorde al clima de las Islas Canarias.

Descubrí que Venus era mucho más tímida de lo que pensaba, pero con el paso de los días la confianza se fue adueñando de nuestras vidas y la timidez se fue difuminando.

Cada día era un nuevo viaje recorriendo alguna parte de la isla, algo que Venus había organizado con antelación, para que conociese las zonas más significativas. Toda esa maravillosa isla estaba cubierta de un microclima suave, soleado y húmedo, nada que ver con el clima de la ciudad de la que yo provenía, Burgos. Por eso disfruté tanto.

Ese clima tan agradable, nuestros cuerpos semi-desnudos tomando el sol en las playas del sur de la isla, su sonrisa y voz tan sensuales... Todo ello me fue excitando cada vez más y más. De una mera amistad estaba pasando a sentir algo más profundo en mi interior: esas "mariposillas" en el estómago. Una conexión especial se despertó, atraído por su belleza y su personalidad tan dulce y tierna. ¡Me estaba enamorando!

"

Fue en uno de esos días de playa donde, atraídos por las sensaciones del entorno y de ese instante, nos dimos nuestro primer beso.

"

Justo después de darnos ese primer beso Venus tuvo que alejarse para meditar tranquilamente lo que había sucedido y lo que estaba a punto de suceder de ahí en adelante. Ambos sabíamos que tenía que regresar a Burgos en menos de 3 días y entre nosotros se había producido una conexión increíble. De ser meramente amigos estábamos pasando a un nuevo enamoramiento. Y es así como, tras haber meditado con calma la situación y viendo las posibilidades que teníamos, iniciamos una relación sentimental, algo que no sería sencillo de sobrellevar.

Fue dura la despedida tras pasar una semana juntos, pero en ese viaje maravilloso surgió el Amor sin haberlo planeado.

Deseando reencontrarnos de nuevo, muy ilusionados, me puse a planificar un nuevo viaje para pasar las navidades en Gran Canaria y así poder vernos y sentirnos de nuevo. Nuevamente lo pasamos genial y conocí a gran parte de su Familia, quienes me parecieron muy cariñosos y cordiales.

A lo largo de los años siguientes seguimos estando en contacto continuo, vía telefónica y yo realizando constantes viajes a Gran Canaria y ella a Burgos, con algún que otro viaje por España juntos.

❝

Allá por el año 2006, viviendo y trabajando en Burgos,
tomé la decisión de ir a vivir a Gran Canaria,
para estar junto a Venus, dejando atrás todo por Amor
(Familia, amigos, trabajo, hogar).

❞

Fue una apuesta dura, arriesgada y muy valiente por mi parte, pero tuve que hacerlo si no quería perder a Venus y adaptarme rápido para poder estar lo más tranquilo posible. Tuve que buscar un nuevo trabajo como delineante, vender mi casa situada en un pueblo de Burgos y también mi coche. Todo ese proceso estaba afectándome notablemente y empecé a notar cada vez más ansiedad.

"A quien amas dale alas para volar, raíces para volver
y motivos para quedarse."
Dalai Lama

7)
Demasiado estrés, un nuevo brote

Al igual que ocurriera anteriormente, el estrés que sufrí durante el año 2006 y 2007 no tuvo uno, sino varios desencadenantes.

"

Sin ser apenas consciente de ello por aquel entonces, fui incrementando mis niveles de ansiedad hasta alcanzar el punto de no retorno.

"

Las sombras del pasado
(afectan al presente y el futuro)

Al trasladarme a vivir a Gran Canaria pensé que comenzaría una nueva vida completamente feliz al lado de Venus, pero nada más lejos de la realidad.

Algo de lo que no era consciente por aquel entonces sería uno de los motivos por los que yo iba a empezar a tener estrés hasta límites insostenibles. Los hechos empezaron a fraguarse antes.

Sin ir más lejos, tras la construcción de mi vivienda unifamiliar en Burgos (poco antes de trasladarme a vivir a Las Palmas), de la cual fui el autopromotor, el constructor de la misma vino de forma inesperada a la oficina donde yo estaba trabajando, para reclamar una deuda que, según él, yo debía por las mejoras que introdujo en la vivienda. Todo ello sin tener en cuenta los materiales que no llegó a colocar, según estaba reflejado en el presupuesto del proyecto de ejecución.

La visita no resultó ser nada grata, es más, me atrevería a decir que fue un hecho agresivo e inaceptable, ya que realizó comentarios como *"de aquí no me voy hasta que no me pagues lo que me debes"* o *"con la comida de mis hijos no se juega"* ¿y con la mía sí? (pensé yo). Para más inri, yo no disponía por aquel entonces de la cantidad de dinero que me reclamaba, ya que había invertido todos mis ahorros en la vivienda.

La cosa no pintaba nada bien y parecía que ninguno de los dos iba a dar su brazo a torcer hasta que, de repente, apareció de la nada el arquitecto para el cual yo trabajaba. Hizo de mediador en el asunto, con la ingrata sorpresa para mí de que se puso a favor del constructor. Sorprendido y sin comprender en esos momentos tal situación, me quedé bloqueado. ¡No daba crédito a lo que estaba pasando! Todo ello me resultó intimidatorio, coercitivo, y mostraba claramente una táctica de presión para conseguir el pago de la deuda.

No supe establecer límites claros y al intentar buscar ayuda a través del arquitecto para el cual trabajaba, me sentí ninguneado, abandonado y herido emocionalmente. Se iba a impregnar en mi interior una huella imborrable, una gran sombra que oscurecería mi vida durante los años venideros.

Pese a todo, pude pagar la deuda que me reclamaba el constructor gracias al dinero que me adelantó mi jefe y que posteriormente le fui devolviendo poco a poco.

Todo esto hizo que empezase a sentir que, tanto el arquitecto como el constructor, tenían el control sobre mi vida, estando a merced de su voluntad y anulando la mía ¡y yo lo permití! Sin saber cómo reaccionar me sentí como un verdadero títere. Todo esto ocurrió porque no tenía la autoestima suficiente como para saber amarme y dar más valor a mis emociones y sentimientos que a lo que había sucedido. ¡No es lo que nos pasa, sino lo que hacemos con lo que nos pasa!

¡Quizás para ellos yo era el malo de la película!

"

Todo estaba ocurriendo sin ser consciente de ello ¡hasta hoy en día! Y repercutiría directamente en el estado de ansiedad en el que me encontraba por aquel entonces en Gran Canaria.

"

Yo he sido siempre una persona que ha evitado el conflicto ante cualquier situación tensa o estresante, ya sea por temor a empeorar la situación, o por evitar confrontaciones emocionales de las cuales luego me arrepienta. En ello influye directamente el EGO y en la necesidad de querer tener la razón, el control, la validación y una imagen positiva de uno mismo, pese a todo.

Para mí esta tendencia era una estrategia para reducir el estrés y la ansiedad asociados con el conflicto, pero también tenía consecuencias negativas al impedirme resolver problemas importantes o defender mis propios derechos y límites de manera efectiva. En este caso extremo, la evitación del conflicto me llevó a la afectación directa de mi parte emocional y mental, a una disminución en mi autoestima y dejó un impacto perdurable que aún resuena hoy en día, en forma de trauma no resuelto (Fractal Emocional), que influiría directamente en los sucesos que se producirían más adelante.

Sin duda alguna tenía que aprender a abordar los conflictos de manera proactiva y constructiva, en lugar de evitarlos o reprimirlos, pero el estrés de aquellos años y mi EGO me estaban nublando por completo la mente. Sin ser consciente de ello se estaba empezando a fraguar una nueva crisis.

Al no saber enfrentar los desafíos de manera directa y abierta, no pude mitigar los efectos negativos en mi salud emocional y mental. Así que tuve que tomar consciencia de que para salir airoso de este tipo de situaciones, tenía que cultivar en un futuro una mayor resiliencia ante las adversidades de la vida.

Hasta ese momento, nunca había imaginado que lo experimentado anteriormente tuviera tanta relación con lo que estaba viviendo, y que esa conexión entre el pasado y el presente fuera la causa de que el estrés se acumulara gradualmente hasta volverse insoportable.

La gota que colmó el vaso

La gota que colmó el vaso fue que, ya estando en Las Palmas en el año 2007, mi jefe me mandase a casa para trabajar y me hiciera entregarle las llaves de su oficina. Algo que me descolocó por completo, generando sentimientos de confusión y desorientación, bloqueándome y despertando de nuevo esa sombra de la que acabo de hablar. Otra acción que sentí agresiva. ¡El patrón y ese Fractal Emocional seguían repitiéndose! Tuve una de las peores sensaciones de mi vida. Me sentí sólo en una isla alejada de las persona que yo consideraba mi Familia y amigos. Aunque en Gran Canaria tenía algunos amigos y a mi pareja, no supe ver que ahí podía encontrar la red de apoyo que tanto necesitaba en ese momento.

Todo ese proceso me provocó una incapacidad temporal que se alargó varios meses, con el diagnóstico de *"Trastorno de la personalidad [Trastorno psicótico breve]"*, ¡el cuarto ya, suma y sigue! Y todo ello terminó en el Juzgado de lo Social.

Pero antes de esta gota hay muchas más que se fueron sumando hasta llenar el vaso. Entre ellas estaba el hecho de que me había trasladado a vivir a Gran Canaria dejando atrás todo lo hasta ahora conocido por mí.

Otro detonante más fue que tenía mi vivienda en un pueblo de la provincia de Burgos y aún seguía pagando la hipoteca. Apenas la estaba disfrutando, salvo algunos días en vacaciones. Tuve que gestionar un proceso arduo y muy estresante para venderla, estando yo en la isla, teniendo que resolverlo con un poder notarial que autorizara a mi hermana pequeña para actuar en mi nombre.

La búsqueda de un nuevo trabajo fue otro desencadenante.

También tenía mi coche "muerto de risa" en Burgos, sin poder usarlo, así que se lo vendí a una amiga.

Aparte de todo esto, no estaba descansando bien y no daba tiempo a que mi cerebro se recuperara de tanto estrés entre un día y otro.

"

Toda esta situación provocó que mi pareja se asustara, teniendo que pedir ayuda a mi Familia en Burgos.

"

Recuerdo perfectamente una conversación telefónica que tuve con mi hermana pequeña, intentándola calmar y diciéndole que me encontraba bien, que no se preocupase. La verdad es que tenía muchos instantes en los que me encontraba bien, consciente y atento, pero otros en los que los estímulos no paraban de llegar y perdía la noción del tiempo. Es por ello que mi hermana y mi Familia se preocuparon muchísimo.

De ahí que Venus se hiciera cargo de mi móvil, para gestionar esas llamadas telefónicas que tanto estrés me provocaban, la mayoría de ellas por parte de mi antiguo jefe, que finalmente me despidió de manera improcedente.

Ante tal situación mi pareja y su Familia idearon una estrategia para ver si eran capaces de convencerme para que fuese al hospital y me viese algún especialista. La estrategia fue simular que el padre de mi pareja estaba sufriendo un infarto y tenía que ir al hospital para hacerse un chequeo y yo tenía que ir con él acompañándole, para que de paso valorasen también mi estado. ¡He de reconocer que fue una estrategia muy ingeniosa!

Todo sucedió la tarde del día 21 de abril de 2007, guiado por el deseo de ayudar y servir a los demás, antes que a mí mismo. Me sentía culpable por creer que yo había provocado ese estado en el padre de Venus, al no saber gestionar por mí mismo todo lo que me estaba pasando. No veía más allá de mis propias narices, así que acepté ir en ambulancia para acompañarle. ¡Lo que no me podía imaginar en esos momentos es que era él quien me estaba acompañando a mí!

En la estrategia planteada yo no debía ver a Venus ni en la ambulancia hacia el Hospital Universitario Insular de Gran Canaria, ni en la sala de espera de urgencias, pues eso podía provocarnos aún más ansiedad a ambos. Es por ello que durante la espera estuve hablando largo y tendido con Isis, con la que me llevaba genial. En ese tiempo pude relajarme bastante y bajar de revoluciones. Gracias a su ayuda inestimable ¡la desescalada verbal estaba funcionando! En esos instantes fugaces de lucidez comprendí que yo también necesitaba ayuda.

Durante toda la espera estuve pensando en los resultados del supuesto infarto del padre de Venus, obviando que yo había aceptado ir al hospital para hacerme también un chequeo.

Pasó bastante rato hasta que por fin me llamaron a consulta. ¡La ansiedad y el estrés nuevamente empezaron a apoderarse de mí y la desescalada dejó de funcionar en ese mismo instante! Venus apareció de repente, como salida de la nada, para acompañarme hacia el despacho en el que me iba a evaluar la especialista. Tras hablar unos minutos con ella, intentando explicarle la situación estresante laboral que había sufrido últimamente y haciéndole ver que me encontraba en perfectas condiciones, la especialista decidió dejarme ir. Quedó convencida de que estaba en buenas manos, acompañado y más o menos bien.

"

Pero justo al salir por la puerta de la consulta, cerré con demasiada energía, y eso provocó que saltaran las alarmas de la especialista y de Venus. Y ahí decidieron inyectarme un tranquilizante.

"

Cosa que acepté por la rogatoria de Venus, que estaba muy nerviosa.

Sin más explicaciones nos dirigimos al aparcamiento del hospital, donde Venus había aparcado su coche.

Algo inesperado ocurriría minutos más tarde.

"Que nadie se acerque jamás a ti sin que al irse
se sienta un poco mejor y más feliz."
Madre Teresa de Calcuta

8)
Más de 15 días con amnesia

Durante el trayecto desde que me inyectaron el calmante, hasta donde tenía Venus aparcado el coche, fui notando cómo mi mente se iba desvaneciendo poco a poco.

❝

Recuerdo sentarme en la parte trasera del coche y ahí empezar a notar una pérdida de consciencia total, sin recordar nada desde ese mismo instante.

❞

Fue ahí donde se inició ese período de 15 días de amnesia, en los que tuve que ser auxiliado por Venus y su Familia.

Instado por la doctora que me vio en urgencias, tuve que acudir a la que era entonces mi médico de cabecera en Las Palmas, para solicitar la baja laboral, una incapacidad temporal que se alargó varios meses (con el diagnóstico de *"Trastorno de la personalidad [Trastorno psicótico breve]"*). A su vez, fui en varias ocasiones a la USM de Triana, para ser tratado psicológica y psiquiátricamente, desde el día 24 de abril de 2007.

66

Mi fragilidad y vulnerabilidad en ese momento me impedía tener consciencia de todo lo que estaba sucediendo, teniendo muy claro hoy en día que el procedimiento llevado a cabo por el personal médico fue extremadamente desproporcionado, ya que me provocó una amnesia de más de 15 días, algo que podía haberse evitado con una menor dosis de tranquilizante y usando una estrategia como la desescalada verbal, que estaba empezando a funcionar con Isis en la sala de espera del Hospital.

99

El estado tan grogui en el que me dejaban los ansiolíticos y neurolépticos, provocó que Venus también sufriera las consecuencias.

Me sentía nuevamente como un muñeco de trapo con el que podían jugar a su antojo todos aquellos con los que interactuaba. Todo aquello que me decían que hiciera lo hacía sin rechistar.

Fue gracias a la supervisión de Venus y su Familia que pude sortear y superar poco a poco el bache. Gradualmente iba teniendo pequeños instantes de lucidez en los que recordaba mi estado y lo que había sucedido. Otros en cambio no los recuerdo ni siquiera hoy.

Durante todo ese largo período de incapacidad temporal me puse a dibujar para relajarme y entretenerme con algo que me gustaba. Era tal la distorsión de la realidad que tenía, que los dibujos que hice en aquellas fechas apenas guardaban relación con la imagen real de la cual tomé referencia para dibujarlos. ¡Y mira que puse empeño en hacerlos lo mejor posible!

Recuerdo instantes en los que tuve que lidiar con situaciones estresantes debido al proceso judicial que se estaba llevando a cabo por el despido improcedente.

En todo ese período tuve que ir remontando poco a poco, sin apenas moverme de casa, salvo cuando salíamos a pasear y a comprar. Y recuerdo prepararme pequeños sándwiches de crema de cacao (que siempre me encantó), que disfrutaba mogollón mientras mantenía largas conversaciones agradables con Isis.

Esa larga espera hasta la resolución final del Juzgado de lo Social de Las Palmas, el día 24 de julio de 2007, a mi favor, fue como vivir en una especie de exilio, despojado de aquellos placeres y seres queridos que era incapaz de reconocer claramente por el estado en el que me encontraba. Mientras tanto pasé incluso por un acto de conciliación el día 16 de mayo de 2007, sin llegar a presentarse mi exjefe ni ninguno de sus representantes, generando aún más estrés a toda la situación.

Esta grave crisis y la amnesia mermaron muchísimo mis capacidades. Venus vio en mí a una persona vulnerable y tuvo que decidir si continuar con la relación o no, pues su felicidad dependía de ello. Estaba muy debilitado emocional, física, mental y espiritualmente.

Pero algo bonito pasó tras toda esa vorágine de malas experiencias, y fue desde el 1 al 8 de septiembre de

2007 que hicimos un viaje a Italia Venus y yo, junto con parte de sus amigos. La verdad es que lo disfruté bastante, aunque he de reconocer que aún andaba con ciertos "resquicios groguis".

Tras ese duro verano y largas conversaciones llevadas a cabo con Venus, llegó un momento en el que tuve que tomar una gran decisión. Vimos que lo que mejor me venía en esos momentos era estar con mi Familia en Burgos, regresar a mi hogar de nacimiento, para ver si así podía recuperarme mejor.

La relación con Venus quedó en una especie de stand-by, prácticamente rota por lo sucedido, pero con el cariño mutuo que nos seguíamos manteniendo.

Sin recordar muy bien exactamente la fecha, regresé a Burgos a finales del año 2007, con la tristeza de dejar atrás a Venus, ¡mi gran Amor!, y con la añoranza de reencontrarme con mi Familia y amigos en Burgos.

"No, no sufro de amnesia, solo me acuerdo de lo bonito
y de lo que quiero acodarme. Se llama memoria selectiva
y es muy saludable tenerla."
Mario Benedetti

9)
Regreso a mi hogar

Ya estando en Burgos, sin mi casa ni mi coche, tuve que alojarme en casa de mi madre, aunque estaba a punto de mudarse a una nueva, pues las viviendas en las que habíamos pasado nuestra infancia, juventud y adolescencia las iban a derribar.

"

Sin un rumbo concreto que seguir, estuve barajando varias posibilidades para afrontar esta nueva etapa de mi vida.

"

No viéndome capacitado para empezar a trabajar de inmediato, debido al largo parón que había tenido y mi vulnerabilidad, decidí inscribirme en un curso de Grafista-Maquetista. Eso me permitiría conocer a más gente y empezar a socializar, surgiendo algunas relaciones especiales. El curso duraba 620 horas lectivas y asistí desde el día 25 de octubre de 2007 al 21 de enero de 2008, haciendo un total de 296 horas, sin llegar a terminarlo por completo.

A finales del año uno de mis mejores amigos vio un anuncio en el periódico en el que buscaban un delineante. Me pasó la información y preparé mi currículum vitae para enviárselo por correo electrónico a la empresa. No tardaron mucho en llamarme, ya que necesitaban a una persona con bastante experiencia y para empezar a trabajar de inmediato. Realizaron varias entrevistas y al final tuve la gran suerte de ser el elegido.

Empecé a trabajar en la empresa de ingeniería el día 23 de enero de 2008, tras muchos meses de inactividad laboral.

Antes de esto tuvimos que realizar la mudanza a nuestro nuevo hogar, con el consiguiente ajetreo y estrés.

Superando el período de prueba, empecé a trabajar duro sacando el trabajo adelante antes de que se terminasen los plazos de entrega de cada proyecto, aprendiendo mucho más de lo que ya sabía, adquiriendo y asentando nuevos conocimientos acerca de la *obra civil de infraestructura y transporte, urbanismo y urbanización, edificación general, edificación industrial, ingeniería industrial y eficiencia energética*.

No pasó mucho tiempo cuando, el día 25 de febrero de 2008, algunos compañeros nos trasladamos hasta Vielha (Lérida) para trabajar en un gran proyecto.

La estancia en Vielha fue una de las experiencias más enriquecedoras e inolvidables que he vivido, ya que aprendí mucho gracias al cariño y afecto recibidos por parte de mis compañeros, y mejorando mi calidad y experiencia como delineante.

Trabajábamos muy duro, de lunes a sábado, teniendo libre únicamente la tarde del sábado y el domingo entero, día en el que aprovechábamos para visitar los pueblos de la zona. Esto se alargó varios meses, hasta que presentamos el proyecto final. Todo esto hizo posible que fuera saliendo poco a poco del pozo.

"

En el transcurso de todo ese proceso, seguía manteniendo contacto telefónico esporádico con la que había sido mi compañera de vida y pareja durante estos últimos años, pero en la distancia resultaba complicado mantener la relación, aunque mejoró la comunicación ya que Venus sentía cómo iba mejorando mi estado día a día.

"

Fue entonces a finales del mes de agosto cuando pasó algo muy hermoso: tras toda esa vorágine de trabajo nos fuimos de viaje por Europa Venus, sus amigos y yo, desde el día 30 de agosto al 7 de septiembre de 2008. Fue un viaje inolvidable y fantástico, en el que pudimos recorrer países que yo nunca había visitado hasta ese momento. Y nuevamente me sentí bastante arropado y querido.

Tras ese viaje a Europa continué trabajando muy duro y mientras iba y venía del trabajo a casa en horario partido, estrechaba aún más los lazos afectivos con mi madre, que era con quien estaba conviviendo.

66

Mi estado fue mejorando pasito a pasito desde que llegué a Burgos, gracias al apoyo de mi Familia, amigos y a mi esfuerzo diario. Tenía la esperanza de poder volver a reencontrarme de nuevo con el Amor que había dejado en las Islas Canarias.

99

Fue ese mismo año cuando volví a iniciar los viajes a las Islas Canarias para volver a estar de nuevo junto a Venus. Pero yo el trabajo lo tenía en Burgos, así que iba y venía solo cuando tenía vacaciones.

A lo largo de ese año fui teniendo una gran carga de proyectos por realizar, marcados por plazos de entrega bastante exigentes. Mi dedicación era casi absoluta al trabajo, y todo eso iba "in crescendo"…

"Tener un lugar donde ir se llama Hogar. Tener a quienes amar se llama Familia. Y tener ambas se llama Bendición."
Anónimo

10)

Más trabajo, más estrés: tercer brote

Fue al poco de volver de vacaciones por Europa en el verano de 2008, cuando el 22 de septiembre empecé con la elaboración de unos planos especiales, teniendo que gestionar los trabajos de delineación de varias personas que estaban realizando prácticas como becarias en la empresa de ingeniería.

"

Se estaban empezando a acumular varios detonantes y yo no estaba siendo consciente.

"

Parecía que iba encontrando mi equilibrio, ¡pero nada más lejos de la realidad! De forma inconsciente estaba llevando una vida rutinaria de casa-trabajo, trabajo-casa. Y para más inri, si había algo que no había terminado en el trabajo, o surgía algún problema relacionado con la delineación, era incapaz de desconectar y seguía "rumiando" todo aquello hasta encontrar la solución al problema, incluso estando en la cama, sin poder dormir.

Cada uno de esos desencadenantes se iban sumando uno tras otro, y eso me iba provocando cierta rumiación mental, lo que empeoraba aún más la situación, y surgía el sufrimiento psíquico, por no saber frenar los pensamientos, la mente...

Por si eso no era suficiente, a finales del año 2009, el día 24 de septiembre, mi madre fue sometida a una operación a corazón abierto, *"bajo circulación extracorpórea..."*, según se describe en el informe de la intervención, lo que incrementó notablemente mi preocupación. Posteriormente tuvo bastantes ingresos por problemas derivados de tal intervención. Suma y sigue, la cosa no parecía mejorar...

Pero por otro lado mi relación de pareja sí que iba mejorando día a día. En las vacaciones de navidad de finales del año 2009, Venus decidió venir a visitarme a Burgos, para después poder irnos juntos a Gran Canaria a pasar el resto de las vacaciones hasta el día 2 de enero de 2010. Pues bien, algo sorprendente pasó en el vuelo que realizamos desde Madrid a la isla: ¡le pedí matrimonio en pleno vuelo, y ella felizmente aceptó la propuesta!

Todo eso fue un gran soplo de aire fresco en la vorágine de una gran tormenta, pero no estaba siendo consciente de todo lo que aquello iba a acarrear.

Todo preparado para nuestra boda

A partir de ahí, casi toda mi atención estuvo enfocada en la salud de mi madre, en el trabajo y los preparativos de nuestra boda.

Mantenía un estado activo, quizá en demasía, incrementando mi sobreactivación poco a poco, para poder tener capacidad de gestionarlo todo. Veía que podía con todo, pero no paraba ni un instante para tomar consciencia y meditar desde la calma.

Venus y yo empezamos a buscar el lugar apropiado donde celebrar la boda e hicimos la reserva, miramos la posible lista de invitados, compramos las alianzas y yo hice el curso prematrimonial del 10 al 20 de mayo de 2010, ya que pretendíamos casarnos en Las Palmas de Gran Canaria el día 23 de octubre de ese mismo año.

"

Empezaba a pensar en la posibilidad de dejar mi trabajo en Burgos y trasladarme a vivir de nuevo a Gran Canaria. Y eso empezó a generar en mí "planes y proyectos futuros de dudosa consistencia".

"

Volví a viajar en varias ocasiones para ir avanzando sobre los detalles de la boda, ¡más estrés!

Las dudas en mi subconsciente empezaron a surgir sobre la viabilidad de un proyecto vital de tal envergadura, quizá por temor a volver a revivir un episodio dramático como el que experimenté en el año 2007.

El impulso de pedir matrimonio a mi pareja surgió del corazón, pero parecía entrar en conflicto con el cerebro racional, que no paraba de ponerme trabas y no veía clara ninguna solución que mitigase esa "ansiedad flotante".

"

No notaba como me estaba desbordando todo lo que acontecía a mi alrededor en los meses previos a la boda. Empecé a "no descansar bien, con insomnio de mantenimiento y despertar precoz".

,,

Me estaba rompiendo en pedacitos aunque no lo pareciera. Empezaba a tener *"déficit de concentración, ideas extrañas, lenguaje expansivo y desorganizado, con bloqueos de pensamiento"*, y eso conllevó que empezase a tener un *"comportamiento y afecto inapropiados, pensamiento desorganizado, falta de asociaciones consistentes en ideas entre pueriles y expansivas y planes faltos de juicio"*.

No tardó mucho en agravarse la cosa y el día 10 de septiembre de 2010 fui ingresado en el Hospital Divino Valles de Burgos, con un nuevo diagnóstico: *"Trastorno bipolar, episodio maníaco"*. ¡Y ya van 5!

Ese lenguaje tan técnico es el que aparece en los informes del ingreso.

La noche en la que sucedió todo estaba en casa con mi madre con una sobreactivación y sobreestimulación extremas, sin poder parar mi mente llena de ideaciones, como por ejemplo la de *"tener un trato más afectuoso con mi madre, mi familia y amigos, intercambiando abrazos y diciendo directamente a la persona lo mucho que la aprecio y quiero"*. Todo ello ocurrió antes de que me atendieran en urgencias a las 01:52h, llevado por dos de mis hermanos, mientras yo me hacía a la idea de que me estaban llevando de viaje a Gran Canaria.

Fue mi madre la que se alertó por mi comportamiento y llamó a mis hermanos para ver qué podían hacer al respecto. Llegaron a casa junto con mi cuñado y les empecé a comentar lo que estaba sucediendo, sin ser consciente de que la conversación que manteníamos me estaba sobreactivando aún más. Lo que necesitaba era descansar y relajar la mente. Por ello me fui a mi habitación en varias ocasiones, para intentar relajarme. Pero dado el estado en el que me encontraba, de repente me levantaba inquieto para ver qué estaba pasando. Finalmente alarmados mis hermanos avisaron a una ambulancia y vinieron a casa los servicios de emergencias sanitarias. Tras un intercambio de palabras explicando lo que me estaba ocurriendo, se marcharon convencidos de que mi Familia se podía encargar de la situación.

Hubo instantes en los que sentí que mis hermanos eran capaces de calmarme, realizando una gran labor de desescalada verbal, ¡pero no fue suficiente, ya estaba muy sobreactivado!

No recuerdo muy bien cómo sucedió, pero mis hermanos me convencieron para que fuera con ellos en el coche.

Una vez en el hospital, me metieron en el box nº 12 a las 02:00h, para hablar con una psiquiatra que tenía los ojos preciosos. También estaba presente uno de mis hermanos y yo apenas abrí la boca para responder a las preguntas de la psiquiatra (para evitar mayor sobreactivación), tomando ella la decisión unilateral de ingresarme de inmediato, sin que yo firmase el consentimiento del ingreso.

❝

Tras ver que no estaba por la labor de ser ingresado voluntariamente, decidieron tomar medidas coercitivas mucho más drásticas, y ¡fui inmovilizado contra mi voluntad con restricciones mecánicas!, mediante contención física llevada a cabo por el personal de seguridad y sanitario que había en ese momento en urgencias del hospital.

❞

En ningún momento sentí que estaba siendo agresivo con nadie, pero es cierto que las sensaciones internas de calma que yo tenía no parecían estar acordes con la tensión externa de mis brazos y cuerpo. Dicha tensión aumentó por la intervención no deseada de esa contención física, que fue desmedida, aunque comprendo que lo hacían, supuestamente, por mi seguridad (con ciertas dudas de que pudiera ser para evitar que les diera más guerra y trabajo del deseado, ya que tenían muchos más pacientes que atender).

Un gran amigo mío una vez me preguntó qué es lo que se siente cuando te atan o te drogan y no supe responderle de forma inmediata, ya que en esos instantes, en los que te privan de libertad, tu mente está bastante acelerada y turbia como para poder recordar lo sucedido con claridad. Pero gracias a la introspección, análisis y conversaciones que he ido manteniendo con personas que estaban presentes en esos instantes, he podido clarificar todo mucho mejor.

Mis sensaciones al respecto tienen mucho que ver con la violación de mis derechos esenciales y mi dignidad como persona. Lejos de calmar tu estado, el hecho de inmovilizarte contra tu voluntad lo que provoca es que generes más ansiedad, angustia, confusión, rabia y, lógicamente, tiendas a rebelarte ante cualquier acción restrictiva que quieran hacer contigo.

Tras ese forcejeo llega un momento en el que, al ser muchas las personas que intervienen para agarrar cada una de tus extremidades, logran reducirte y atarte a la cama, sin que tengas capacidad de defenderte ante lo que yo considero una agresión brutal. Es entonces cuando tu cuerpo se estremece y rebela encima de la cama y empieza a forcejear sin sentido, para soltarse de todas esas ataduras, sin lograrlo.

Después llega una nueva fase en la que ¡o te rindes ante tal evidencia, o puedes llegar a sufrir incluso un infarto!, por estar librando una batalla estéril. Ahí es cuando aprendes a rendirte, para preservar tu bienestar. Tu estado de euforia empieza a cambiar hacia otro completamente opuesto: el de la tristeza, frustración, desamparo, vergüenza, temor y desesperación. ¡La sensación es la de un títere que nada puede hacer al respecto, quedando por completo a su merced!

Todo esto te lleva a una sensación de desconexión con tu propia identidad y una lucha interna entre la sensación de fragilidad emocional y la necesidad de apoyo, del sentido de empoderamiento y control sobre tu vida. ¡Te sientes completamente desvalido, vulnerable y desprotegido!

Incluso al estar ingresado en esas condiciones, aún tenía energía suficiente como para intentar controlar mi estado, aunque lo que estaban haciendo conmigo no facilitaba la tarea.

Ya por la mañana, desde primera hora, mostraba un comportamiento y afecto inapropiados (según el personal médico), para mí algo natural, porque lo que quería era hablar con el resto de pacientes. Al negarme a tomar tratamiento vía oral, decidieron ponérmelo mediante una inyección intramuscular.

Dos horas después comencé a *"mostrarme vociferante, hostil y amenazante"* (según aparece en los informes médicos).

Nuevamente se vulneraban mis derechos esenciales, haciendo conmigo lo que querían para apaciguar mi estado a lo bestia, "matando moscas a cañonazos". Me inyectaron una droga que supuestamente tenía que relajarme. Aparecía ese Fractal Emocional que experimenté en el año 2007, con una amnesia que me duró unos 15 días ¡y no quería pasar por lo mismo! Quería mantener mi estado consciente a toda costa y por eso me rebelaba ante cualquier acto que tuviera que ver con mi sumisión ante ellos. Quería ser yo mismo el dueño y señor de mi propia vida, pero todo lo que estaban haciendo conmigo me estaba descontrolando a unos niveles insostenibles y no supieron ponerle remedio. Mi frustración creció hasta límites insospechados, ante lo que percibí como un trato injusto y desproporcionado por parte del personal médico. Además perdí por completo la confianza que podía tener en ellos. ¿Qué opinas al respecto?

Permíteme ahora que haga un pequeño inciso y pueda expresarme con total naturalidad, sacando de dentro de mí todo esto que se ha ido acumulando con el paso de los años, y que uno necesita "vomitar" para poder sentirse mejor.

Me pregunto: ¿cómo te comportarías tú ante una situación en la que hubieras sido ingresado contra tu voluntad, sufrido contenciones físicas y medidas coercitivas para inmovilizarte con restricciones mecánicas e inyectado intramuscularmente con algo que no sabes qué es?

Supuestamente "es por nuestro bien", pero con el paso de los años se va comprobando que existen otros medios menos agresivos para llevar a cabo un ingreso en la unidad de psiquiatría de cualquier hospital. Toda esta situación lo que provoca es que nos sintamos como verdaderos muñecos de trapo a merced de las decisiones de unos médicos especialistas que intentan ayudarte sin conseguirlo. Sólo te anulan, ya que no conocen otros mecanismos para apaciguar tu estado. Todo ello debido a su falta de formación en estos asuntos tan delicados y debido también a la falta de recursos y de personal, sobre todo por las noches, que es cuando más medidas coercitivas se llevan a cabo.

Por unos instantes me encantaría ver atados y drogados hasta sufrir amnesia, como a mí me pasó, a todos aquellos que han atentado contra mi integridad en los ingresos, a todas aquellas personas que han participado en un hecho tan cruel y desproporcionado, ¡para que sepan lo que se siente! Pero como se la pela, les importa una mierda lo que te pase, y tienen órdenes de acatar aquello que les dicen desde arriba, pues nada, ¡le atamos, que es lo más rápido para que nos deje tranquilos, se calle y se calme de una puta vez!

¡Es más!, ¿estarían dispuestos a hacérselo a su ser más querido? Seguramente no. Seguramente barajarían otras opciones antes de llegar a esos extremos, dedicando el tiempo y los recursos necesarios para que sufra lo menos posible y no le queden unas secuelas irreversibles de por vida.

¡Por no hablar de aquella época en la que aún se permitían los electroshocks y las trepanaciones! Menos mal que las cosas están cambiando (muy muy despacio), porque si no hoy en día seguirían haciéndonos ese tipo de prácticas.

Con ese tipo de actuaciones, el personal médico y auxiliar, los psiquiatras y psicólogos lo que consiguen es alejar aún más la posible confianza que han de tener con sus pacientes, para garantizar que el proceso de recuperación sea el adecuado. Una de las claves está en llevar a cabo más procesos de desescalada verbal que ayuden a disminuir la sobreactivación que el paciente experimenta durante un brote psicótico, centrándose en la comunicación efectiva y la reducción de la tensión emocional entre el personal sanitario y el paciente.

Con esto no quiero decir que todo el personal médico y auxiliar, los psiquiatras y psicólogos sean malos profesionales, los hay que ¡valen su peso en oro! Yo me he ido encontrando a lo largo de mis distintas crisis con una gran variedad de ellos, lo que ha hecho que valore a quienes realmente ¡hacen de su trabajo su excelencia!, ayudando verdaderamente a las personas que lo necesitan, actuando de forma vocacional.

Sé que este tipo de comentarios puede tocar la fibra sensible de ciertos profesionales, pero sé también que si me lo guardo puedo enfermar aún más, y ante todo lo que quiero es ser sincero contigo y conmigo mismo.

Tras este breve inciso continuo donde lo dejé.

Dos horas después del tratamiento intramuscular, comencé a *"mostrarme vociferante, hostil y amenazante"*, algo que para nada me caracteriza y que quien me conoce bien sabe.

"

Tras pasar esas dos horas decidieron proceder a ponerme medidas coercitivas de restricción mecánica en cintura, tobillos y muñecas, restricción física con aislamiento, junto con tratamiento intramuscular, anulando por completo mi voluntad.

"

Tras ese incidente, me mostré *"más abordable y lloroso"*, teniendo un *"episodio de incontinencia urinaria"*. El especialista dio orden de quitar la restricción física cuando viniesen las visitas, si manifestaba comportamiento colaborador, luego valorarían según evolución. Permanecí con restricción física hasta el día siguiente a mi ingreso, es decir, hasta el día 11-09-2010.

Pasados varios días empecé a tener buenos momentos en los que estaba muy pendiente del resto de los pacientes, intentando animarles. Pero pasé de estar animado y sonriente a sentirme peor y a mostrar una *"labilidad afectiva"* según iba hablando con mi psiquiatra del tema del trabajo, de mi relación con Venus y *"negando ideación suicida"*.

También me empecé a quejar de la sedación, aunque me sentía bien y no me preocupaban mis problemas en ese preciso momento. Les contaba a los especialistas que siempre me pasan esas cosas cuando estoy estresado y tengo el pensamiento acelerado. Seguía estando cabreado por las contenciones y eso me afectaba un montón.

Al quinto día de mi ingreso empecé a notar los efectos de la medicación que estaba tomando, sintiendo *astenia, somnolencia y dificultades para la concentración.*

De los ingresos que había tenido hasta la fecha se me mezclan algunas sensaciones, hechos y experiencias, ya que no recuerdo bien si pertenecen a uno u otro. En uno de ellos, tras haber pasado la noche aislado en una habitación, me desperté bien temprano para pasear por los pasillos, con la sensación de que uno de los compañeros que vi a lo lejos era uno de mis mejores amigos disfrazado, interpretando un papel para que yo pudiese sentir que no estaba solo y pasar ese duro trance acompañado. Con el paso de los días aquel hombre se convertiría en uno de mis mejores compañeros, muy cariñoso, atento y cordial.

Otro hecho que recuerdo perfectamente es el que viví con mi madre y mi hermana pequeña. Atormentado por la constante rumiación de pensar en mi intento de suicidio, en el que las preocupé tanto, tomé una de las decisiones más transcendentales de mi vida hasta la fecha: ¡pedir perdón! No pude evitar que un río de lágrimas brotara por mis ojos, fruto del arrepentimiento, en gran medida por el sufrimiento que había provocado a mi Familia.

También recordé la magnífica, maravillosa e inolvidable frase que me dijo mi hermano mayor después de salir del hospital: ¡la próxima vez que intentes hacer algo así piensa en mí! ¡Madre mía qué sabiduría tuvo con aquellas palabras! Fue "mano de santo", pues si alguno de mis pensamientos se tornaba hacia esa dirección no deseada, la recordaba y me volvía a enfocar en el presente, sin tanto sufrimiento psíquico, ni tanta ansiedad, ni tanta tristeza.

Mi Familia y amigos fueron imprescindibles en todos estos procesos durante mi estancia en el hospital en este último ingreso. Sus visitas fueron lo que hizo que mi evolución fuese progresiva gracias al cariño que iba recibiendo cada día.

Los primeros días no pude hablar con Venus, pero sí con su madre. Y el día 16-09-2010 (6 días después de mi ingreso) pude por fin contactar con ella, comunicándome la idea de cancelar la boda, afectándome notablemente, deshaciéndome en lágrimas. Aunque yo no quería perder la esperanza de que pudiéramos casarnos en la fecha prevista, que era inminente: el día 23 de octubre, el día 22-09-2010 me dio el "no" rotundo.

"

Sé perfectamente que Venus lo pasó fatal, ya que fue algo inesperado e indeseado, pero toda esta situación puso las cartas sobre la mesa en un asunto tan vital, trascendental e importante como es el hecho de casarse.

"

Me dieron el alta el día 24-09-2010 y salí del hospital mucho más tranquilo, sedado y relajado.

Con la revisión inminente, y estando de baja laboral, procuré remontar y clarificar todo, pasito a pasito, pero no sin pocas preocupaciones, pues todo lo sucedido fue un verdadero "terremoto" que provocó un desequilibrio total en mi vida. Todo eso había que irlo trabajando con perseverancia, cariño, mucho Amor y también mucha paciencia y comprensión.

Pasadas las primeras semanas tras el alta, tuve que ir retomando las riendas de mi vida. Para ello empecé a salir con mis amigos más a menudo y, aunque los efectos de la medicación estaban haciendo mella, mi estado emocional se iba equilibrando gracias a su apoyo.

El día en que se iba a celebrar la boda, el sábado día 23 de octubre de 2010, pasé la tarde con uno de mis mejores amigos y una amiga común. Recuerdo decirles que *"en estos mismos instantes estaría casándome"*. Pero la verdad es que disfruté esa tarde-noche con ellos, al ver que no estaba solo en todo este proceso.

Con el paso del tiempo comprobé que la decisión que tomó Venus fue la más acertada para los dos, cosa que le estoy enormemente agradecido, pues fue un acto de valentía y madurez excepcional.

Estuve de baja laboral hasta el viernes 15 de octubre de 2010, y empecé a trabajar de nuevo el lunes día 18, con gran apoyo sobretodo de mis compañeras.

El ritmo en la oficina no había bajado y tenía que adaptarme rápido, para estar al corriente y al día con todos los proyectos que teníamos entre manos.

Mientras tanto, también estaba al cuidado de mi madre, que no paraba de ser ingresada por complicaciones tras la operación de corazón que tuvo en el año 2009.

Algo dentro de mí se empezó a despertar, relacionado con el ámbito espiritual, pues nada de lo que acontecía en mis crisis lograba equilibrarme posteriormente. Empecé a buscar información y a interesarme por charlas relacionadas con ese tema. Empezaba a notar que esa parte la tenía prácticamente abandonada y, sin embargo, era eso que necesitaba sin falta para estar bien del todo.

Mi relación se resquebrajaba, ya que Venus quería romper definitivamente, pero ninguno de los dos se atrevía a dar el paso, para evitar conflictos. Al sentir que ese Amor se iba convirtiendo en cariño, me fui agarrando a la parte espiritual y Venus empezó a notar que hablaba prácticamente todo el rato sobre ello.

66

A mediados del año 2011 leí el libro de "El poder del ahora", de Eckhart Tolle y fue el inicio de mi nuevo despertar.

99

En la oficina ya no había tanta carga de trabajo de delineación y tuve que empezar a realizar trabajos más bien organizativos, aunque sin parar de hacer planos de diversos proyectos.

Viajé en coche a lugares en los que teníamos que realizar una toma de datos para realizar los planos correspondientes. Empecé a notarme cada día más nervioso, cuando me tocaba ir solo de viaje, por la sensación de que podía perderme, y empecé a descansar peor.

No paso mucho tiempo hasta que me di cuenta de que algo en mí no estaba funcionando bien y tuve que acudir a urgencias.

Escribir este capítulo ha resultado ser uno de los ejercicios más duros a los que me he enfrentado en mi vida... Pues aparte de revivir aquellos instantes, leyendo cada uno de los informes del ingreso, he empezado a notar ciertos cambios que se están produciendo en mi organismo e incluso en la fitoarquitectura de mi cerebro, "somatizando el trauma". He acumulado muchísima tensión en los antebrazos y las manos, como queriendo "librarme de las ataduras" que me amarraban las muñecas, los tobillos y la cintura a la cama por aquel entonces, reviviendo lo ocurrido ¡casi 14 años antes! Y despertándome varios días por el dolor provocado por las uñas al apretar con los puños cerrados.

A esto lo llamo yo "memoria celular / secuelas / fractal emocional", que no es otra cosa que la capacidad que tienen las células y neuronas del cuerpo humano de almacenar información y experiencias emocionales, que quedan grabadas en nuestras células y que, en mi caso, me está afectando hoy en día.

"No es el estrés lo que nos mata, es nuestra
reacción al mismo."
Hans Selye

"La ciencia moderna aún no ha producido un medicamento
tranquilizador tan eficaz como lo son unas
pocas palabras bondadosas."
Sigmund Freud

11)
La depresión

Fue en la mañana del miércoles 7 de marzo de 2012 cuando fui a urgencias del hospital acompañado por mi hermana pequeña, que era mi gran apoyo y referente en esa etapa de mi vida.

El detonante principal fue que mi madre había sido ingresada en el hospital nuevamente. Un gran factor externo que, sumado a los detonantes anteriormente descritos, formó el cóctel apropiado para que tuviera una nueva crisis.

Desde diciembre estaba teniendo un ánimo bajo, *con apatía, abulia, cierta anhedonia, clinofilia, cierta ansiedad psíquica*, con repercusión en el funcionamiento laboral, encontrándome bloqueado disminuyendo mi interacción social. Asociaba este estado de ánimo a que me habían cambiado de medicación.

El psiquiatra que me atendió decidió cambiarme nuevamente la medicación, con el consiguiente período de adaptación que eso requería. El diagnóstico inicial fue *"síndrome depresivo"*, ¡otro más a añadir a la lista, el 6º ya! Aunque en los procesos de incapacidad temporal aparece como *"psicosis maniacodepresiva"*.

No estaba en buenas condiciones para trabajar y por ello el médico me dio la baja laboral. El proceso iba a resultar mucho más largo y duro de lo que nunca imaginé, pues duró 6 meses. Con consultas periódicas en la mutua y en consultas externas de la USM del hospital, para estar en todo momento monitorizado y ver mi evolución.

"

Durante todo ese tiempo notaba constantemente como que algo me faltaba en la vida y no sabía bien qué era. Andaba en su búsqueda y pocas personas sabían cómo tratarme de forma adecuada para poder animarme.

"

Empecé a pasar mucho más tiempo en cama, sin ánimo, fuerza, ni energía para nada, así que el proceso fue muy lento y desgarrador. Mi Familia y amigos lograron convencerme para que saliera al menos a pasear un rato y a que me diera el aire. Así que poco a poco me fui animando a salir, tomarme algo en una terracita y ver el ambiente que había por el centro de mi ciudad.

Parece mentira, pero eso hizo que fuera cogiendo más y más fuerza.

Por otro lado, en esa búsqueda constante de ese "propósito", esa dirección a seguir en mi vida, me había encontrado con personas maravillosas y pude realizar varios cursos que me sirvieron para abrir los ojos y tomar consciencia de lo que era realmente importante en mi vida, aquello que en aquel entonces necesitaba.

Fui desarrollando más la dimensión espiritual, adquiriendo nuevos recursos y habilidades para poder gestionar mi depresión.

Cuando parecía que ya me encontraba mejor, la mutua se puso en contacto conmigo para que empezara a trabajar de forma inmediata. Pese a todo, la medicación no me permitía tener una vida óptima, ya que me sentía somnoliento, vulnerable y con menor capacidad que antes para desarrollar mi trabajo.

Lo sorprendente del asunto es que, al reincorporarme el día 06-09-2012, fui contratado con un cambio de categoría a una inferior, y con una reducción notable de la jornada laboral, ¡de trabajar las 40 horas semanales a 25!

"

Todo ello se debía a la crisis que ocurrió en el año 2012, pero comprendo que también influyó el hecho de haber tenido varias bajas laborales, y eso no le agrada a ningún jefe.

"

No había mucho trabajo de delineación y me tocó ir a Madrid en varias ocasiones junto con otro compañero para realizar otras labores "in situ" y posteriormente desarrollar los planos correspondientes en la oficina.

El desenlace de todo esto fue que me despidieron el día 31 de diciembre de 2012, aunque fui nuevamente contratado para realizar los planos de una nueva obra, entre los días 14-02-2013 y 30-03-2013.

Aparte de todo esto, Venus decidió dejar la relación. Había conocido a otra persona y quería intentarlo, aunque nos seguíamos teniendo muchísimo cariño y afecto. ¡Una relación que jamás en la vida olvidaré!

Así que esta etapa de mi vida fue bastante complicada y perdí prácticamente todo aquello a lo que estaba dedicándome en cuerpo y alma.

Afortunadamente estaba experimentando un nuevo despertar espiritual, que lograba mitigar todas esas sensaciones.

"La victoria siempre es posible para la persona que se niega a dejar de luchar."
Napoleon Hill

12)
Un nuevo despertar

Lejos de que toda esta situación de la depresión, el despido laboral y la ruptura sentimental pudiera haberme afectado más que nunca, sucedió que había adquirido suficientes herramientas como para gestionarlo de una manera que no me repercutiera de forma tan negativa.

Mientras tanto y gracias a que estaba cobrando el paro, quise dar un cambio radical a mi vida y realizar la formación completa de Pilates, para ver si podía ponerme a trabajar en ello. La formación duró prácticamente un año, entre los años 2013 y 2014.

Por otro lado, mi primera toma de contacto más profunda con la dimensión espiritual llegó cuando me formé en el mundo del Reiki.

Por aquella época fumaba bastantes puritos, lo que me llevó a generar una gran dependencia. Pero algo curioso ocurrió al respecto, y es que justo 21 días de limpieza energética posterior a la fecha de la Maestría de Reiki, dejé de fumar por completo, hasta hoy en día. ¿Casualidad? No lo creo.

"

Quien conoce bien la anatomía energética del cuerpo humano sabrá que existe una correlación directa entre los 7 chakras principales, los puntos de acupuntura de la medicina tradicional china y las principales glándulas endocrinas del ser humano que trabaja la medicina tradicional occidental.

"

Bajo esta premisa quise poner en práctica los conocimientos adquiridos, para ver si todo lo aprendido tenía base experimental en la práctica diaria con más personas. Para ello contacté con un centro estético sanitario y escuela de vida, en el que realizaban sesiones semanales de Reiki.

Aquellos *"encuentros de Reiki"* los inicié en el mes de mayo del año 2013. Fueron más de 3 años gloriosos en los que acumulé más de 200 horas de práctica, lo que me permitió constatar algunos aspectos que demostraban con hechos empíricos los cambios que cada persona podía experimentar física, emocional-social, mental y espiritualmente.

Aunque la dimensión espiritual tiene mucho que ver con el sistema de creencias individuales, hay aspectos que son irrefutables, como puede ser la experiencia vital de cada uno ¡y eso es algo indiscutible!

Son muchas las personas que tuvieron la oportunidad de experimentar los beneficios y las sensaciones que se producen tras una sesión de Reiki. Muchas de ellas rompían a llorar en mitad de la sesión, tras desbloquearse alguno de sus chakras, algo que estaba muy relacionado sobre todo con su dimensión emocional y la energía calorífica y energética que se originaba en tales sesiones. Al terminar se sentían más liberadas y relajadas. Todo el mundo salía de allí más tranquilo que al momento de entrar.

Hay muchas personas que conocen perfectamente los procesos que ocurren tras tener esta especie de "despertar", en el que la búsqueda de algo más se convierte en un hábito diario. Entre esos procesos está el hecho de sentir cómo los chakras superiores de la anatomía energética del cuerpo humano se abren más que el resto. Y ahí es cuando se produce una especie de falsa realidad que tarda un tiempo en equilibrarse y posar, pero que te permite vivir siendo plenamente consciente de que no todo lo que te han enseñado es tan real como te dijeron, creando esa realidad paralela que te permite vivir una vida más plena, con mucho más Amor y menos dramática de lo que nos muestran en las noticias.

Todo esto tiene mucho que ver con la neuroplasticidad cerebral y la neurogénesis hipocampal (la capacidad de generar nuevas neuronas incluso en la edad adulta), que está íntimamente relacionada con la práctica diaria de la meditación, el mindfulness y el enfoque del aquí y el ahora. Con el paso del tiempo toda esa experiencia vital se va equilibrando, tanto a nivel mental, como emocional-social, físico y espiritual, para dar paso a una consciencia mucho más crítica, real y plena. Aquí ya sólo vale el trabajo personal y la experiencia individual de cada uno. Si hay algo en esta vida que te puede ayudar a vivir más plenamente, sin perjudicar a nadie, aprovéchalo convirtiéndolo en un hábito diario.

Lógicamente todo eso no iba a curar mi enfermedad, pero me iba a permitir vivir la vida de una forma mucho más tranquila, más consciente, teniendo herramientas suficientes como para poder mantener el equilibrio y bienestar tan deseado durante tantos años. Ahora empezaba a percibir cierta luz y claridad en todo.

A la vez que ponía en práctica mis conocimientos acerca del Reiki, seguía con la formación de Pilates y otros cursos varios. Andaba en la búsqueda de nuevas oportunidades pese a estar cobrando el paro, cosa que se iba a terminar tarde o temprano. Empecé a sentir cierto desasosiego ante la posible falta de recursos económicos suficientes como para tener cubiertas mis necesidades básicas, aunque contaba con el apoyo de mi madre.

Entre todas estas oportunidades surgió una muy especial, y es que realicé un viaje a Israel con uno de mis mejores amigos y un par de amigas más, entre los días 28-01-2014 y 13-02-2014.

Se puede decir que el viaje tenía una connotación espiritual, pero también nos iba a permitir compartir experiencias vitales.

Pudimos pasar una parte de nuestra estancia en Beersheva y otra en Jerusalén, recorriendo zonas tan increíbles como el mar muerto, donde uno podía flotar en el agua aunque no quisiera y cubrirse con barro terapéutico. También visitando lugares tan emblemáticos como Nazareth, Belén (Palestina), Capharnaum, sitio Bautismal Yardenit (donde fue bautizado Jesucristo), el Santo Sepulcro, la vía dolorosa, el Muro de las lamentaciones, la Explanada de las mezquitas, etc.

"

Este viaje a Israel sería como "la guinda del pastel", ya que desde que tuve la crisis del año 2010, tuve la necesidad de buscar algo más allá de lo material y cotidiano, explorando mis creencias, valores, emociones y deseos más profundos. Un camino que ya no tendría marcha atrás.

"

Al mismo tiempo se despertó en mí un interés muy especial por la lectura de libros relacionados con la búsqueda espiritual. *"El Poder del Ahora", de Eckhart Tolle; "Los Cuatro Acuerdos", de Don Miguel Ruiz; "El Quinto Acuerdo", de Don Miguel Ruiz y Don Jose Ruiz*. La trilogía que más me impactó fue la escrita por *Neale Donald Walsch: "Conversaciones con Dios"*, que repercutiría de forma muy directa en mi futuro próximo.

En la búsqueda constante de alternativas profesionales, barajé varias posibilidades. Entre ellas había una que me llamó mucho la atención: un Grado Superior en Diseño en Fabricación Mecánica.

El paro estaba prácticamente acabado y casi no era consciente de cómo el estrés se iba apoderando de mí nuevamente. Pensé que tenía herramientas suficientes para lidiar con todo ello, pero nada más lejos de la realidad.

"Todo lo que sale de ti, tarde o temprano regresará a ti.
Así que no te preocupes por lo que vas a recibir, mejor
preocúpate por lo que vas a dar."
Anónimo

13)
Nueva relación

Todo este crecimiento espiritual hizo posible que conociese a nuevas personas afines a temas espirituales.

Como era de esperar, tras mis crisis, experimenté un proceso de adaptación a la medicación que me habían prescrito. Lo cual implicaba tener que ajustarme y familiarizarme con los efectos secundarios, las dosis, etc.

Entre esos efectos secundarios me encontré que, a finales del año 2012 estaba algo sedado y somnoliento.

Tuve un gran apoyo por parte de mis compañeros de trabajo, de mi Familia y también de mis mejores amigos, uno de los cuales me presentó a varias amigas interesadas en temas espirituales. Al estar tan adormecido no podía prestar demasiada atención. Pero gracias a tener ciertos conocimientos respecto a la anatomía energética, entablé conversaciones muy interesantes con ellas.

"

Poco a poco fui conociendo a una de estas amigas de forma más profunda, a la que llamaré Dana. Nos fuimos familiarizando viendo que nos parecíamos muchísimo y que nos movían los mismos intereses.

"

Pese a todo, uno de mis mejores amigos seguía tirando de mí, para animarme a salir cada vez más.

Tras finalizar cada sesión de Reiki, solíamos quedarnos a tomar unos cacharrillos en el bar más cercano, aprovechando así cada instante para conocernos un poquito mejor. Así fui adquiriendo mayor confianza y complicidad con mi nueva amiga Dana.

Después de varios meses esa complicidad se fue transformando en atracción y fue inevitable que iniciásemos una preciosa relación sentimental.

En el mes de agosto del año 2013 me fui de vacaciones a Francia en autocaravana con uno de mis amigos, su mujer y otra amiga común. Estuvimos recorriendo la zona de la Bretaña Francesa, descubriendo parajes preciosos que despertaron en mí una sensación de asombro y libertad absoluta increíbles. Entre ellos estaban la supuesta tumba del mago Merlín en el bosque de Paimpont; la también supuesta fuente de la eterna juventud; el centro histórico de Dinan y la visita al castillo de Josselin. Probé los deliciosos Moules et frites en La Rochelle y Saint Malo, la ciudad corsaria y deambulé por las calles del Mont Saint-Michel.

Ese mismo mes también tuve la fortuna de compartir unos días en Gijón con otra amiga y su hija. Fueron mágicos los atardeceres que disfrutamos mientras nos tomábamos unas cervecitas bien frescas cerca de la playa de San Lorenzo, oteando el mar cantábrico. ¡La verdad es que resultó ser un verano inolvidable!

Mogollón de circunstancias coincidieron ese año de manera perfecta, para crear una situación memorable que hizo que experimentase increíbles sensaciones de bienestar. Sentí claramente cómo esas grandes remesas de dopamina, que recorrían todo mi cuerpo, hacían de las suyas para que yo me sintiera en una nube.

Conocer a Dana, recorrer la Bretaña Francesa en autocaravana…, transformó todo en una experiencia profundamente positiva y enriquecedora en todos los aspectos. A pesar de ello, mi deseo de seguir aprendiendo sobre lo que me apasionaba en aquella etapa mágica de mi vida se intensificaba más y más. ¡Estaba más motivado que nunca y preparado para recibir más formación!

"Te quiero no por quien eres,
sino por quien soy cuando estoy contigo."
Gabriel García Márquez

14)
Más formación

¿Quién me iba a decir a mí que me pondría a estudiar un Grado Superior con 45 años?

Durante el año 2014 surgieron posibilidades de realizar varios cursos más, antes de empezar a finales del año (el martes 23-09-2014) el Grado Superior en Diseño en Fabricación Mecánica. Entre ellos se encontraba el *Curso Practitioner* y *Coach PNL Elearning*; también el de *Armónicos*, el de *Principios Universales* y el de *Emociones Atrapadas* (*Experto en Testaje y Tratamiento Emocional*). También experimenté lo que se siente al realizar un *Ayuno Terapéutico*, en el que me purifiqué de gran cantidad de toxinas que se habían ido acumulando en mi cuerpo durante años.

En mi caso particular, con ese *Ayuno Terapéutico* sentí cómo se incrementó de manera exponencial mi energía física y mental, sintiéndome más ligero y despierto que nunca. Practicando también meditación, sesiones de yoga, caminatas conscientes y la Mouna, que consiste en llevar a cabo un silencio compartido durante un día. Con ello se creaba un ambiente de calma y tranquilidad, en el que todos nos podíamos sumergir más profundamente en la introspección y la conciencia plena de uno mismo y del momento presente.

Aparte, claro está, de prestarle especial atención a la alimentación, en la que consumíamos infusiones, zumos frescos de frutas y caldos depurativos, incorporando el último día alimento sólido como el Kichadi, una receta Ayurvédica para la desintoxicación de nuestro organismo ¡qué rico sabe y qué bien entra después de llevar varios días a caldos y zumos! Después de esta experiencia mi cuerpo y mi energía vital se volvieron considerablemente más puros. A otras personas les provocó el efecto contrario, dejándolas en un estado muy abatido, sin apenas energía. ¡Cuestión de cuerpos y mentes!

Pero sobre todo el curso que iba a condicionar mi vida por completo sería el Grado Superior.

"

Lo que me resultó más impactante al iniciar la formación de un nuevo Grado Superior fue el grupo de compañeros que me tocó, pues la gran mayoría no superaban los 20 años, y yo era el de mayor edad en clase (superando incluso la edad de algunos profesores).

"

Estaba súper-motivado con el curso y puse todo mi empeño y energía en sacar todas las asignaturas adelante, dedicándole la mayor parte de mi tiempo diario al estudio y preparación de las tareas que nos encomendaban.

Pese a todas las trabas que me iba encontrando, tuve el valor y energía necesarios como para enfrentarme sin temor a una nueva experiencia, que me permitiría adquirir nuevos conocimientos técnicos relacionados con la actividad que había estado desarrollando durante toda mi vida, pero ahora enfocada más a la rama industrial.

Algunas asignaturas me resultaron muy sencillas de aprobar, pues estaban relacionadas con la representación gráfica y temas similares, algo que llevaba haciendo durante años y manejaba a las mil maravillas.

Otras me permitieron adquirir habilidades para el manejo de maquinaria herramienta, como el mecanizado en el torno y la fresadora. También pude desarrollar técnicas de limado y ajuste mecánico, el manejo del taladro de columna y la esmeriladora de banco (para afilar sobre todo las brocas), machos de roscar, etc. Con ello pude realizar multitud de piezas metálicas que aún guardo en casa con mucho cariño.

Nunca imaginé que el aprendizaje me iba a apasionar tanto. Así que todo lo hacía con una actitud positiva, lo que me permitió aprobar todas las asignaturas, dos de ellas con una Mención Honorífica, cosa que me emocionó muchísimo en mi graduación, ya que fui uno de los dos mejores expedientes académicos de aquella promoción.

Mi experiencia durante el Grado Superior fue increíble, especialmente en mi primer año. Tuve que adaptarme a nuevos compañeros, horarios de estudio y madrugones, lo que significaba crear nuevos hábitos, especialmente en el sueño y el estudio.

Durante este tiempo, mi cerebro estaba cambiando, creando nuevas conexiones neuronales que facilitaban mi aprendizaje y adaptación. Pero también estaba experimentando una sobreestimulación constante que, junto con el cuidado de mi madre, me llevaba a un agotamiento frecuente, especialmente los viernes después de una semana dura de estudio y madrugones. Era este el día en el que salía a tomar algo con mis amigos, quedándome dormido en multitud de ocasiones mientras conversaban. El cuerpo me estaba mandando claramente señales de aviso para que parase y yo no quise hacerle el menor caso. ¡Mi objetivo era terminar los estudios a toda costa, aunque me fuese la vida en ello! ¡Tralla y más tralla!

Después de terminar la formación de Pilates en el año 2014 lo puse en práctica, desarrollando clases personalizadas para grupos reducidos, con unas 68 horas de práctica, entre los años 2015 y 2016.

Estaba empezando a sentar cierto precedente en la creación de un hábito extremadamente increíble, que es el hecho de perseverar en el día a día para la consecución de mis objetivos. Ese nuevo camino neuronal se fue afianzando más y más con el paso del tiempo, haciendo callo y volviéndose el hábito más predominante, arraigado y resistente a las adversidades. Nada que ver con el episodio depresivo que sufrí allá por el 2012, en el que apenas tenía ganas de salir de casa.

¡Pero ni tanto ni tan calvo, coño, que al final el cuerpo se resiente y pasa factura!

No obstante, a mitad del Grado Superior, tras terminar el primer curso el 23-06-2015, surgió una nueva oportunidad laboral. Una antigua compañera de la última ingeniería en la que había trabajado como delineante, se puso en contacto conmigo para ver si estaba dispuesto a trabajar en un nuevo proyecto de ingeniería civil cerca de Vidreres (Girona), como refuerzo de plantilla para delineación de proyectos previstos en estos meses.

Dada mi situación económica, no me lo pensé dos veces y acepté. Pero la situación no resultó ser como había pensado, ya que seguía con mis estudios de Grado Superior, incompatibles con un contrato de larga duración. Por ello firmamos solo hasta que volviese a empezar a estudiar el segundo curso del Grado Superior, a finales del año 2015.

"Observa profundamente la naturaleza
y entonces lo entenderás todo mucho mejor."
Albert Einstein

15)
O paras
o la vida te para:
cuarto brote

Fue a mediados del mes de julio del año 2015 (justo el día 13-07-2015) cuando, junto con otros compañeros de trabajo, nos trasladamos desde Burgos en coche hasta Vidreres (Girona), lugar en donde se iba a ubicar nuestro "centro estratégico" para el desarrollo del trabajo encomendado.

Allí, en una pequeña vivienda unifamiliar, íbamos a compartir un mismo espacio las 24 horas del día para trabajar, descansar, dormir y comer.

Aunque estaba muy contento, el entorno laboral no era el más adecuado para mí, ya que resultó ser extremadamente sobreactivador y estresante, debido a la falta de descanso, la mala alimentación y el estrés generado al estar viviendo en la misma casa donde trabajábamos. Aparte, claro está, del estrés que se producía debido a los plazos de entrega tan reducidos que en este tipo de proyectos de ingeniería se requerían.

66

No perdía ojo ni oído ante todo lo que pasaba a mi alrededor, fijándome en los más mínimos detalles hasta donde alcanzaban mis sentidos. Mi hipersensibilidad incrementó aún más mi actividad psíquica, empezando incluso a sentir cómo se distorsionaba la realidad.

99

Recuerdo muy vagamente que, tras hablar con mi madre por teléfono, la sentía "apagada" y su diálogo cada vez resultaba menos coherente, al igual que parecía estar pasándome a mí.

Realicé multitud de llamadas con Dana y amigos, para dar novedades y contarles cómo me estaba encontrando.

Al trasladarme a trabajar fuera de Burgos, hubo que hacer algunos cambios y fue una de mis hermanas la que se iba a encargar del cuidado de mi madre, y lo tendría que hacer más o menos como yo lo estaba haciendo: conviviendo con ella mientras yo estuviese fuera.

Por aquel entonces estaba muy ensimismado con la lectura del libro de Conversaciones con Dios I y los paseos por los alrededores donde estábamos alojados. Muchos días se me hacía prácticamente de noche, pero llegaba justo para cenar todos juntos.

Al no descansar bien por el intenso calor que hacía por las noches, por la novedad del lugar, la gente desconocida, los viajes, el trabajo, etc., fui acumulando cada vez más y más estrés, sin ser consciente de la necesidad de tener que parar en ningún momento.

Tras una semana trabajando allí, la compañera representante de la empresa y el resto de compañeros con los que compartía vivienda empezaron a ver que mi estado se estaba alterando y mis actos no eran coherentes, generando situaciones que no recuerdo bien, ya que el estrés me provocaba ligeras amnesias.

Hubo que tomar la decisión de regresar a Burgos en tren yo solo, para continuar allí con los trabajos de delineación, y así evitar que la cosa fuese a peor. ¡Grave error!

El miércoles 22-07-2015 me levanté temprano, y casi sin dormir me duché y organicé en mi ordenador portátil los archivos del trabajo que allí estaba realizando, antes de marcharme hacia Burgos (si mal no recuerdo, justamente ese mismo día estaba prevista una visita del director de obra).

Bajé con mi maleta y con el portátil desde los dormitorios a la zona donde estaba nuestro centro neurálgico. Desayuné tranquilamente y organicé mi zona de trabajo antes de irme. Me dejé algunas pequeñas cosas, como un pendrive y un adaptador del móvil para el coche.

Me acompañaron dos compañeros a la estación de tren de Sils (Girona) y esperaron conmigo a que saliera el tren con dirección a Barcelona-Sants a las 11:10 horas de la mañana del día 22-07-2015. Yo no llevaba mapa alguno, tan sólo unas referencias del billete que debía sacar cuando llegase a la estación de tren de Barcelona-Sants.

El viaje en tren

Durante el viaje desde Sils a la estación de tren de Barcelona-Sants tuve la gran suerte de cruzarme con una agradable joven que se sentó a mi lado y se puso a leer un libro en inglés, pues gracias a ella logré sacar posteriormente el billete de tren que me llevaría desde Barcelona-Sants a Burgos. A día de hoy me encantaría poderle dar las gracias en persona, ya que me ayudó un montón en un momento tan crítico, así que si lees esto: ¡ponte en contacto conmigo!

Durante el breve trayecto en tren hasta Barcelona captaba visual y auditivamente todo lo que me rodeaba, sin llegar a poder gestionar toda esa información de un modo apropiado. Me sobreactivaba con cada paso que daba, con cada persona que veía y oía y con cada lugar que intentaba ubicar en mi mapa mental.

Llegué a Barcelona-Sants y tras sacar dicho billete de tren, tuve que esperar hasta la salida hacia Burgos dentro de la propia estación, donde comí. Tuve que permanecer constantemente alerta para no perder de vista mi equipaje en ningún momento, ya que viajaba solo y llevaba una maleta y una mochila bastante pesadas. Incluso tenía que llevarlas conmigo cuando iba al baño. La hora de salida de dicho tren estaba prevista para las 14:10 horas y con hora estimada de llegada a Burgos a las 19:47 horas.

> **66**
>
> *Hubo otro aspecto (detonante) que me condicionó bastante, y es que echaba mucho de menos a Dana, mi Familia, mi madre y mis amigos.*
>
> **99**

Durante el viaje a Burgos estuve en contacto telefónico constantemente con la compañera representante de la empresa y con Dana, contándoles cómo me iba encontrando. Por lo visto sólo podía recibir llamadas porque tenía el móvil sobrecargado y estropeado, y eso me generaba más estrés. Mientras tanto, yo iba anotando en una pequeña hoja todos los tiempos y las horas a las que se llegaba a los diferentes lugares de paso, especialmente para no perder la noción de dónde me encontraba en todo momento.

Distorsión de la Realidad

En una parada de la estación de Lleida (creo), tuve la sensación de ver a un señor montándose en el tren, que parecía ser mi hermano mayor.

Poco sabía por aquel entonces acerca de lo que sucede cuando sobrepasas el umbral del estrés: alucinaciones y delirios distorsionan tu percepción, viendo o escuchando voces que no se corresponden con la realidad. Al fin y al cabo ¿qué es la realidad? Para ti seguro que será una muy diferente a la mía. Dos percepciones distintas que no son la verdadera realidad. Por eso existe la tuya, la mía y la verdad. Lo que yo estaba experimentando y sintiendo, mi realidad y mi verdad en esos momentos, es que ese señor era mi hermano. ¡Qué puta locura! ¿Te ha pasado alguna vez algo parecido? Ya ves que no eres el único.

Lo que yo estaba buscando en esos momentos era un "anclaje familiar", algo que me sirviera de referencia para tratar de dar sentido a lo que estaba experimentando y para no perder el control y la noción del tiempo. ¡Siempre alerta! Pero una vez que sobrepasas ese umbral, la cosa ya no tiene retorno, a menos que sepas orientar la situación de forma adecuada ¡y eso requiere de bastante tiempo, así que paciencia, que todo llega! Lo importante aquí es no llegar a ese punto de no retorno.

En términos neurobiológicos, lo que estaba sintiendo en esos instantes eran disfunciones en la comunicación entre mis neuronas. La adrenalina y el cortisol (hormonas del estrés) no permitían la entrada de nuevos neurotransmisores como la dopamina, la serotonina o la oxitocina (hormonas de la felicidad), que pudieran regular mi estado.

Y es que cuando uno sigue patrones de pensamiento y comportamiento muy arraigados, teniendo bien "pisado" el camino neuronal del sesgo de negatividad, resulta muy complicado volver a abrir un camino diferente, una nueva carretera para crear un nuevo hábito, más saludable y enriquecedor. A menos, claro está, que quieras hacerlo, entonces tu disciplina, ilusión y motivación harán lo posible para que en un futuro puedas elegir entre esas dos vías: la del sesgo de negatividad o la nueva que hayas creado. ¡En tus manos queda! Visualiza en quién te convertirás.

Fueron tantos los hechos sucedidos y los estímulos que estaba recibiendo a mi alrededor durante el viaje, que procuraba estar sentado en mi asiento con los ojos cerrados, para no sobreactivarme más y para intentar descansar. Aún así a mis oídos y mi vista no paraban de llegarle señales que, junto con todas las que había ido percibiendo desde mi llegada a Vidreres, facilitaron que colapsara. Toda esa hiperactividad psíquica produjo un incremento del estrés en el que mi estado de ánimo se vio exaltado y desbordado dando lugar a acciones poco corrientes dentro del propio tren.

Me puse a hacer alguna postura de Pilates como las sentadillas en mitad del tren. Otra que no dejó indiferente a nadie fue la de levantarme de mi asiento para dirigirme donde estaba una señora mayor hablando por teléfono en alto (al menos así lo percibí yo), y susurrarle, haciéndole señales con la mano, que bajara el tono de voz, ya que me estaba alterando tanto ruido. ¡Uf, hipersensibilidad a tope! ¡Imagínate la impresión que dí!

66

Empezar a sufrir esas "distorsiones cognitivas", llegando a realizar malinterpretaciones erróneas de mi entorno cercano, hizo que fuese perdiendo cada vez más la consciencia del momento presente, mezclando imágenes, realidades y hechos entre sí, sin guardar coherencia entre ellos, dado mis elevados niveles de cortisol y estrés.

99

Fue Dana la que empezó a notarme raro por teléfono y viendo que no estaba bien quiso ayudarme, acompañándome en un tramo hasta llegar a Burgos. Sin embargo esta decisión aumentó mi hipersensibilidad.

No encontraba en ningún momento un instante de calma en el que poder reducir la intensidad de los estímulos.

Entre todo ese cúmulo de interconexiones neuronales, se inició un proceso en el que no podía relacionar mi estado con la actividad llevada a cabo, como mover mi pesada maleta y la de otros pasajeros de un lugar a otro (ya que estábamos a punto de llegar a Burgos), utilizando para ello ciertas posturas de Pilates para evitar cualquier lesión corporal.

Llegó un momento álgido de locura en el que me dispuse a realizar dichas posturas en los pasillos de los vagones, para mostrárselas a las personas que estaban sentadas y así vieran cómo se realizaban, con las consiguientes risas y la vergüenza que tuvo que pasar Dana hasta convencerme de que fuésemos de nuevo a sentarnos a nuestro vagón.

Recuerdo ciertos instantes en los que una ligera tranquilidad imperaban en el entorno. Durante el resto de instantes el cúmulo de sensaciones y la hiperactividad psíquica provocaron que no recuerde gran parte de lo sucedido.

Al llegar a la estación de Burgos Rosa de Lima (actual Burgos Rosa Manzano) varios amigos me estaban esperando, ya que Dana se había puesto en contacto con ellos para avisar de que yo no estaba bien. Es ahí cuando vuelven a producirse intervalos de lucidez.

Según refieren mis amigos, estaba bastante rígido y tardé cerca de media hora en bajar del andén al hall de la estación de trenes en Burgos. Una vez sentado en uno de los bancos, fui observando todo lo que me rodeaba, buscando tranquilidad a mi alrededor para poder recordar lo que sucedía.

66

Cuando uno de mis amigos llamó a la policía, mi nivel de estrés se elevó aún más. Al llegar la policía, mi amigo entabló una serie de conversaciones y se limitaron a verificar mi calma mientras yo permanecía sentado, ocasionalmente realizando algunas posturas de Pilates, como las sentadillas.

99

El hecho de que mi amigo llamase a la policía fue porque no encontraban la manera de frenar aquello que me estaba pasando, viendo que no reaccionaba a sus comentarios. Necesitaba calma, sosiego, pero no encontraba otra manera de expresarme más que quedándome quieto. Estuvieron arropándome con sus muestras de cariño, observando con asombro el estado catatónico en el que había llegado desde Barcelona.

La rigidez física y el sosegado ritmo que necesitaba para captar todo aquello que me rodeaba, hicieron que los amigos llamaran también a una ambulancia, incrementándose nuevamente el nivel de estrés. Intentaron convencerme para que me subiera a una camilla y acudiese a urgencias, pese a que yo sólo quería estar en mi casa. Accedí aún así con total calma y vi reducida mi voluntad aceptando como válido su criterio.

Medidas Coercitivas

A mi llegada a una pequeña sala de urgencias del HUBU el día 22-07-2015 por la noche, fui atendido por un especialista (sin llegar a saber en ese momento si era psiquiatra o psicólogo) y se iniciaron una serie de conversaciones que hicieron que los niveles de cortisol se incrementaran, al ver que no me permitían irme a casa para estar más tranquilo. La observación del doctor fue realmente minuciosa.

> **"**
>
> *Durante una conversación entre el doctor y mi amigo, me vi obligado a quedarme dentro de esa pequeña sala ¡contra mi voluntad! La entrada estaba custodiada y bloqueada por un guardia de seguridad del HUBU, lo que me impidió salir.*
>
> **"**

Todas estas acciones no hicieron sino aumentar aún más mis niveles de estrés y los procesos de amnesia.

Se inició una llamada para avisar a mis Familiares. Durante el tiempo que tardaron en llegar, insistí para que mi amigo hiciese una postura de Pilates si quería que accediera a tumbarme en una camilla que había en la sala y para acceder a ser ingresado. Las personas del hospital que estaban conmigo tuvieron que hacer también alguna postura de Pilates a petición mía.

Mi hermano mayor intentó convencerme de acceder al ingreso en el hospital por propia voluntad, viendo el estado en el que me encontraba.

Insistí nuevamente diciéndoles que lo único que deseaba era irme a casa para descansar y estar tranquilo. Sin embargo, todo mi entorno, incluyendo a mi hermano, mi amigo y el personal del hospital presente en ese momento, convirtieron aquellos instantes en una situación aún más crítica y desfavorable.

Posteriormente apareció otra doctora (sin llegar a saber en ese momento si era psiquiatra o psicóloga), para intentar convencerme de que me tomase una pastilla de olanzapina bucodispersable (que yo reconocía perfectamente porque ya la había tomado en otras ocasiones).

❝

No queriendo acceder a la voluntad ajena para no perder la consciencia de todo lo que estaba sucediendo, la doctora introdujo de manera forzada la pastilla de olanzapina en mi boca, presionándola contra los brackets que llevaba en ese momento. Y les dije claramente: ¡creo que os estáis pasando!

❞

Después de observar todo el entorno de la sala de urgencias, viendo la cantidad de personas que habían acudido, finalmente acepté tumbarme en la camilla sin ofrecer resistencia porque mi hermano me lo pidió, siendo atado a la cama con correas, sujetado por la cintura, muñecas y tobillos.

Tal suceso me ha producido una marcada huella emocional de graves consecuencias psicológicas. Esta misma mañana sin ir más lejos he despertado del dolor al dejarme marcada una de las uñas en mi mano derecha, apretando con el puño cerrado mientras dormía.

No fue hasta pasados unos años después de este cuarto brote, cuando pude analizar con mayor detenimiento todo este tema relacionado con las medidas coercitivas, sintiendo que se estaban vulnerando los derechos humanos y libertades fundamentales.

Como se explica en el "*Cuaderno Técnico número 20 de la colección de la AEN (Asociación Española de Neuropsiquiatría)*", con el título: *Coerción y salud mental (Revisando las prácticas de coerción en la atención a las personas que utilizan los servicios de salud mental.* >ISBN: 978-84-95287-83-0), pude descubrir que en los últimos años, "*la AEN-PSM (Asociación Española de Neuropsiquiatría – Profesionales de la Salud Mental) ha hecho del estudio de la situación de las prácticas coercitivas en psiquiatría y la promoción de un modelo alternativo de atención, uno de sus focos de interés prioritario, impulsando reflexiones y actuaciones que ayuden a la toma de conciencia y el cambio, desde las políticas sanitarias hasta las actitudes de organizaciones, servicios y profesionales*".

Descargar Cuaderno Técnico número 20
Coerción y salud mental a través del siguiente código QR:

"*En esta línea, promovieron la redacción y firma del Manifiesto de Cartagena en 2016, en el que, junto a la Confederación SALUD MENTAL ESPAÑA, En Primera Persona-Federación Andaluza de Asociaciones de Salud Mental en Primera Persona y la Federación VEUS - Federació Catalana d'Entitats de Salut Mental en Primera Persona, volvieron a dejar patente su firme voluntad de trabajar conjuntamente por la erradicación de las prácticas coercitivas en todos los espacios clínicos, impulsando un enfoque que prime la* dignidad de las personas y en el que la atención psiquiátrica no conlleve el aumento del sufrimiento por el que se acercaron a ellos. Creen que fue un importante primer paso, con repercusión en todo el territorio nacional y en todos los agentes implicados. Quieren pensar que fue una contribución destacada al movimiento de opinión que ya se estaba generando respecto a la necesidad de transformar sus actitudes y prácticas.

El Manifiesto de Cartagena no fue para la AEN-PSM sólo una declaración, sino que supuso el inicio de una línea de trabajo que se empieza a plasmar con la constitución del Grupo de Trabajo sobre Coerción en las Jornadas Nacionales de Cartagena en junio de 2016, cuyo primer fruto tangible es el documento del Cuaderno Técnico nº 20 sobre Coerción y salud mental.

Ese Cuaderno Técnico resulta del debate y la reflexión en torno a las prácticas coercitivas en el Grupo de Trabajo, y su ánimo es aportar también alternativas al uso de la coerción en la atención a las personas con sufrimiento psíquico. Consideran que se trata ante todo de una cuestión de derechos, y la discusión técnica tiene que ver con el modo en que estos se garantizan.

Así, ese documento tiene la ambición de promover la reflexión sobre lo que estamos haciendo frente a lo que podemos y querríamos hacer.

Con este objetivo, examina los enfoques que sustentan la coerción, analiza las percepciones de profesionales y usuarios de los servicios y se acerca al estado actual de la cuestión en las salas de hospitalización en nuestro país, ofreciendo también posibles alternativas de intervención.

Para terminar, ese Cuaderno representa un paso más en el compromiso público de la AEN-PSM con la denuncia de las prácticas coercitivas en psiquiatría y con el apoyo a las iniciativas que promuevan un enfoque de la asistencia que prime el respeto a la dignidad y el libre ejercicio de la voluntad de las personas.

Animan al lector a reflexionar y participar en el debate sobre esta relevante cuestión, así como a difundir el resultado de ese trabajo.

Candela Santiago Alfaro
Vicepresidenta de la AEN-PSM - Madrid. Febrero de 2018.

A través del siguiente código QR se puede ver el texto en el que **"SALUD MENTAL ESPAÑA se adhiere al 'Manifiesto de Cartagena' en contra de las medidas coercitivas"**:

Otro texto interesante al respecto es el que se llevó a cabo **"Hablando con… Irene Muñoz y Gonzalo Nielfa, participantes en la Comisión de Defensa de Derechos Humanos de la Confederación SALUD MENTAL ESPAÑA. Entrevista publicada en el número 3 de la Revista Encuentro de 2019.** Las medidas coercitivas solo sirven para aumentar el sufrimiento y destruir la autoestima"**:

También **"SALUD MENTAL ESPAÑA aplaude la resolución del Consejo de Europa sobre el fin de las coerciones en salud mental"**:

A través del siguiente código QR **"se puede consultar traducción de la versión provisional de la resolución, publicada en la web del Consejo de Europa"**:

Y el **"código QR de la resolución original"**:

En el MANIFIESTO DE CARTAGENA se propone:

· *"No considerar las técnicas y servicios coercitivos como tratamientos. Son incidentes críticos que invitan al análisis y la mejora.*

· *Exigir transparencia y establecer sistemas de registro del uso de sujeciones o contenciones, que permitan analizar qué se hace, cuando se hace, qué figuras profesionales fueron implicadas, qué se hizo para evitarlas, qué podría haberlas evitado, y especialmente cómo evitar su uso en el futuro.*

· Rediseñar los espacios de hospitalización y la organización de profesionales y actividades, orientándolos hacia la acogida, evitando el exceso de normas y reglas, detectando aspectos hostiles que puedan hacer que las personas puedan sentirse amenazadas y desconfiadas.

· Establecer unidades con pocas camas, hogares-sala, con ambiente terapéutico y tranquilizador, que promuevan relaciones que generen confianza, en los que la gente se sienta acogida, con la existencia de habitaciones de confort y sensoriales. Dotarlas de profesionales en número, cualificación y condiciones laborales adecuadas.

· Velar porque la extinción de estas prácticas en unos lugares, no suponga un riesgo de que se produzcan en otros.

· Promover una cultura de trabajo orientada a la no coerción, que incluya la reflexión y debate permanente y la conciencia de responsabilidad entre los y las profesionales sobre el comportamiento ético con cada persona.

· Formar a los y las profesionales en prácticas de relación terapéutica centradas en la persona.

· Apoyar a los profesionales y los equipos que sean capaces de plantear alternativas creativas, reconocer y difundir sus esfuerzos, generando así una cultura profesional libre de coerción.

· Crear cauces reales de participación de usuarios para que puedan velar por la anulación de las prácticas coercitivas en la atención, en todas sus fases: planificación, puesta en marcha, análisis y evaluación.

· Buscar alianzas con los movimientos ciudadanos que aboguen por la erradicación de la coerción en otros ámbitos, de los discursos que las sustentan y las desigualdades de poder que las facilitan.

· Instar el compromiso de las Administraciones sociales y sanitarias en la priorización de las inversiones necesarias en recursos que favorezcan la inclusión, pertenencia y permanencia de las personas en sus entornos, evitando así prácticas de exclusión".

Considero que todas estas medidas propuestas, incluso la técnica de la desescalada (para evitar las contenciones mecánicas), son el inicio para evitar posibles secuelas y traumas físicos y emocionales debido a un ingreso traumático o sumamente estresante. Las prácticas como las medidas coercitivas conllevan una vulneración de los derechos y libertades de los pacientes, que atacan especialmente a la dignidad, que es la más alta violencia que pueda ejercerse sobre un sujeto, generando en nosotros emociones desagradables de angustia, ansiedad, miedo, frustración, decepción, vulnerabilidad, arrepentimiento y culpa.

❝

En mi caso se llegaron a realizar varias medidas coercitivas, entre las que caben destacar: ingreso involuntario; medicación / tratamiento forzoso (contención química); contención mecánica (restricción física / holding) y aislamiento.

❞

Tal y como se describe en el Cuaderno Técnico nº 20 de la AEN, respecto a las decisiones y aspectos legales que han de tomar los psiquiatras en un ingreso hospitalario: "*Otro de los principales aspectos a los que se hizo alusión fueron el número de personas que conforman los equipos y el ratio profesional-paciente. Así, dentro de las unidades de hospitalización se consideraba que los turnos con mayor número de contenciones eran los de la noche, que contaban con menos personal. De este modo, consideraban que un menor número de profesionales generaba por un lado una sensación de desprotección ante situaciones de difícil manejo, y por otro lado sostenían que funcionaba en detrimento del tiempo que se le podía dedicar a los pacientes de manera individual*".

Comprendo que haya personas que siguen órdenes y unos protocolos ya definidos, pero eso no quita para que se lleve a cabo un trato mucho más humano, ya que todas esas actuaciones pueden traer consigo unas secuelas y traumas complicados de sanar.

Todo depende de la formación del personal involucrado, del diseño de los espacios de hospitalización, la organización de profesionales y actividades, del ratio profesional-paciente y del tiempo que se nos puede dedicar en caso de acudir al hospital en un proceso de crisis. Por ejemplo, para poder aplicar la técnica de la desescalada se requiere tiempo y en urgencias de un hospital todo va demasiado rápido.

En mi caso, en este cuarto brote psicótico, no hubo tiempo ni espacio para poder aplicar esa técnica.

Ingreso en el hospital

De los instantes posteriores a tales sucesos poco recuerdo, solo breves momentos en los que permanecía atado y el sufrimiento de mis hermanos pidiendo a las enfermeras y doctores de planta del hospital que me atendieran.

66

Me quedé flipado cuando mi hermana pequeña me contó posteriormente que me vio tumbado sobre la cama, dormido, pero con mi brazo derecho dibujando figuras en el aire, como si estuviese trabajando y moviendo el ratón del ordenador mientras hacía los planos que aún seguían rondando por mi cabeza.

99

Como no paro de seguir aprendiendo nuevas cosas cada día, ya que es algo que me apasiona, años más tarde pude indagar más profundamente en esta anécdota y descubrir que todo lo que me estaba pasando era fruto del estrés, que podía producir este tipo de movimientos involuntarios. Se trataba de Trastornos de Conducta durante el Sueño REM (TCSR). Me fui encontrando términos tan complejos y técnicos que me abrumaban. Eran los que aparecían en la Clasificación Internacional de los Trastornos del Sueño, tercera edición (ICSD-3) [International Classification of Sleep Disorders Third Edition], que requiere la realización de un polisomnograma para poder realizarse el diagnóstico de TCSR.

También leí algo acerca de la parasomnia (sonambulismo), la somniloquia (hablar en sueños) y la ausencia de atonía muscular durante el sueño REM.

Incluso de la mioclonía del sueño, también conocida como espasmo hipnagógico, teniendo en cuenta que los movimientos involuntarios durante la mioclonía del sueño no tienen un propósito o significado consciente, sino que son el resultado de una actividad eléctrica anormal en el cerebro. ¡Uf qué rollo!, ¿no te parece?

¡Ya ves!, mi actividad cerebral estaba aceleradísima y sin control y aún así quería seguir siendo resolutivo, intentando terminar los planos que dejé sin hacer en Vidreres. ¡Hasta en sueños no dejé de trabajar!

De todos modos durante esos estados alterados mi sensación es la de tener unas capacidades extraordinarias, un poder inigualable (que en cierto sentido así es). Las emociones son muy placenteras, probablemente debido a la liberación de hormonas que generan bienestar. En esos brotes psicóticos no queremos que desaparezcan esas sensaciones, ya que perderíamos esa constante sensación de placer. De ahí el peligro de parar nuestra mente en seco con medicación excesiva, pues puede provocar situaciones como la amnesia que experimenté años atrás.

Al día siguiente mi hermano mediano pensó que había perdido la cabeza por completo, tras verme atado, mientras yo le comentaba que esas ataduras se podían quitar si uno se relajaba por completo. No me dejaron indiferente sus lágrimas.

Pasaron los días y una vez que los niveles de estrés se fueron reduciendo y los niveles de consciencia se incrementaban, fui dado de alta con tratamiento neuroléptico y ansiolítico, siendo derivado a consulta de la USM de referencia para el día 12-08-2015, con otro diagnóstico más a añadir al carro de las etiquetas, ¡el séptimo ya!: *"Trastorno bipolar, episodio maníaco con síntomas psicóticos"*. ¿Quién da más?

Secuelas

Tras el tratamiento farmacológico observé que empezaba a tener secuelas, como espasmos musculares en la mandíbula. En posteriores consultas con la psiquiatra, vimos que en el prospecto de la medicación aparecía como uno de los efectos secundarios; se trataba de la discinesia tardía. Para mitigar dicho efecto, se redujo la dosis gradualmente hasta alcanzar el mínimo que tomo actualmente, sin observar ningún efecto secundario reseñable.

Aparte de la psiquiatra, inicié conversaciones con una de las psicólogas de la USM del Divino Valles y también con la trabajadora social, para ser asesorado respecto a varios temas que también traté con la trabajadora social de mi centro de salud de referencia.

Qué decir también de las secuelas que los profesionales sanitarios sufren al interactuar con nosotros en un ingreso hospitalario, haciendo ese tipo de cosas que no desean. Hemos de hablar de ello para intentar evitar que hechos que se llevan a cabo en la actualidad provoquen situaciones que en un futuro sean irreversibles.

¡Creo que os estáis pasando!
La metáfora de Hulk y los brotes psicóticos

Me pregunto si todos los profesionales que formaron parte de aquel episodio tuvieron algún tipo de secuela posterior, sobre todo aquellos que demostraron una frialdad desmedida al agarrar mis extremidades con fuerza desproporcionada para atarme a la camilla de urgencias, sin inmutarse lo más mínimo ante aquello que yo podría estar sintiendo. ¿Tú que crees? ¿Les habrá dejado una secuela como la que me dejó a mí?

Lógicamente mis antecedentes autolesivos no facilitan la labor, pero el caso es que lejos de promover acciones y relaciones que generen confianza con los psiquiatras, psicólogos y resto de profesionales, en los que la gente se sienta acogida, estos hechos promueven todo lo contrario: alejamiento, rabia, cabreo, dolor, miedo, etc.

Te hablaré ahora de algo que quizás te ayude a comprender mejor qué sucede cuando una persona sufre un brote psicótico y qué es lo que nos puede ayudar a salir airosos de tal trance. Para ello desarrollo a continuación "la metáfora de Hulk y los brotes psicóticos".

¿Has oído hablar de la historia del personaje del cómic Hulk? Y estarás pensando ¡qué coño dice este tío ahora! ¿Qué tiene todo eso que ver con lo que estamos hablando? Pues si no te suena de nada, te invito a que busques información, para que te puedas hacer una idea de lo que voy a explicar a continuación. Mejor aún, si tienes oportunidad intenta ver alguna de las películas en las que aparece.

Como apasionado que soy de los cómics y de los superhéroes, el personaje de Hulk, creado por los escritores *Stan Lee* y *Jack Kirby*, puede arrojar luz sobre los brotes psicóticos y la manera en que estos son percibidos y abordados tanto por los individuos que los experimentamos, como por quienes nos rodean.

La transformación del Dr. Bruce Banner en Hulk es una de las historias más emblemáticas del mundo de los cómics, algo que ha cautivado a generaciones de lectores. Este proceso de transformación de Banner en Hulk tiene algunas similitudes con la experiencia sufrida en un brote psicótico.

Durante un brote psicótico, yo suelo experimentar un aumento de la actividad cerebral y la producción de cortisol y otras hormonas del estrés (sobreactivación). Como ya he comentado, esto me lleva a alteraciones de la percepción, los pensamientos y las emociones, lo que me provoca alucinaciones, delirios y comportamientos inusuales. Al igual que Hulk, suelo sentirme abrumado por mis emociones de ira, rabia, miedo o ansiedad intensos, sobre todo cuando intentan coartar mi libertad.

La lucha de Bruce Banner para controlar su transformación en Hulk puede representar mi lucha para no perder el control de mi estado. Al igual que Banner busca encontrar un equilibrio entre su humanidad y su lado más bestial, yo a menudo busco equilibrar mis emociones y pensamientos para saber disfrutar de la vida lo máximo posible. Al igual que Hulk es una manifestación física de la ira y la frustración de Banner, un brote psicótico suele ser una manifestación física y mental de los problemas emocionales y psicológicos no resueltos de una persona. Al igual que Hulk, solemos sentir que estamos siendo invadidos por las hormonas del estrés, algo bastante difícil de controlar. Esta dificultad para tomar las riendas de tu vida genera una sensación abrumadora de descontrol, vulnerabilidad, miedo y desamparo.

Quiero destacar la importancia de cómo son percibidos estos brotes psicóticos por quienes nos rodean. Al igual que los ciudadanos de la ficticia ciudad de Nueva York temen y malinterpretan a Hulk, las personas que presencian un brote psicótico pueden experimentar miedo y confusión.

Me gustaría explorar varias estrategias para promover una comprensión más empática y una respuesta más compasiva hacia los brotes psicóticos. Al igual que Bruce Banner aprende a controlar su transformación en Hulk a través de la aceptación, el autoconocimiento e incluso la meditación, tú puedes aprender a brindar un apoyo más efectivo, empático y compasivo a quienes experimentamos brotes psicóticos, reconociendo nuestra humanidad, dignidad y vulnerabilidad.

En la metáfora de Hulk podemos encontrar también una fascinante similitud con el impacto en las personas cercanas al individuo que experimenta los brotes. Cuando un brote psicótico emerge, es como si el Dr. Bruce Banner se transformara en Hulk, perdiendo el control y sumergiéndose en una tormenta emocional que lo consume. En ese momento crítico, las palabras de calma y apoyo se convierten en un ancla de esperanza para ayudar a Bruce a encontrar su camino de regreso a la humanidad. Frases como *"El sol está bajando..."*, *"Shhh... Calma, Bruce. Estoy aquí contigo"*, *"Bruce, somos nosotros. Estamos aquí para ayudarte"*, *"Vamos, amigo. Te tenemos. Vuelve a nosotros, Bruce"*, *"Escúchame, Bruce. Vuelve a nosotros. Lo tienes bajo control"*, son algunas de las más emblemáticas que se han utilizado en las películas para calmar a Hulk y ayudarlo a encontrar la paz interior necesaria para transformarse nuevamente en Bruce Banner. Frases que actúan como recordatorios poderosos de su identidad y su conexión con los demás, brindándole el coraje y la fuerza para enfrentar su lucha interna.

Para aquellos que están cerca de alguien que experimenta un brote psicótico, la experiencia puede ser desconcertante y desafiante. Al igual que Betty Ross y los otros personajes de las películas de Hulk, la familia, la pareja y los amigos a menudo se encuentran en la posición de proporcionar apoyo y tranquilidad en medio del caos emocional. Utilizan esas palabras de cariño para recordarle al individuo que no está solo en su lucha, que hay amor y apoyo incondicional a su alrededor. Un ejemplo claro de ese apoyo fue el que recibí por parte de mi gran amigo Rafa en la década de los 90. Puedes leer su testimonio al final del libro, titulado *"AL AMANECER, LLEGABA LA CALMA..."* y una de las frases que me decía: *"No hagas nada, amigo, estoy aquí, habla conmigo..."* ¡Pocas personas han sido capaces de calmar mi estado de forma tan amorosa como lo ha hecho él! ¡Un perfecto ejemplo de que la desescalada verbal funciona, con paciencia, cariño y amor! ¿Qué palabras te servirían a ti para calmar tu estado? ¡Dale una vuelta y piénsalo!

Esta metáfora ilustra de manera vívida la complejidad de los brotes psicóticos y la importancia del apoyo empático y compasivo de quienes rodean a quienes los experimentamos. Al ofrecer una mano amiga y palabras de aliento, podemos ayudar a aquellos que atraviesan un brote psicótico a encontrar su camino de regreso a la calma y la estabilidad, recordándoles que su humanidad y su conexión con los demás son más fuertes que cualquier tormenta emocional que puedan enfrentar.

"La metáfora de Hulk y los brotes psicóticos"

Es una poderosa analogía para comprender la experiencia de los episodios psicóticos. Al igual que la transformación del Dr. Bruce Banner en Hulk, los brotes psicóticos son momentos en los que la persona afectada suele sobrepasar el umbral del estrés, dando lugar a una intensa lucha interna por recuperar la estabilidad emocional y mental.

Así como Hulk representa la manifestación física de la ira y la frustración de Banner, un brote psicótico suele representar una manifestación física y mental de los problemas emocionales y psicológicos no resueltos de una persona (detonantes). Es fundamental comprender que, al igual que los ciudadanos de Nueva York temen y malinterpretan a Hulk, quienes presencian un brote psicótico pueden experimentar miedo y confusión hacia aquellos que los sufren. Sin embargo, con el apoyo emocional adecuado, expresado a través de muestras de cariño y de palabras de calma y afecto, es posible ayudar a quienes atraviesan estos momentos de crisis a encontrar su camino de regreso a la calma y la estabilidad emocional. ¡Recuerda: no estás sol@, pide ayuda si lo necesitas!

Ahora que te he contado todo esto, ya sabes que no conviene alterar el estado del Dr. Bruce Banner, ni el de una persona que está sufriendo un brote psicótico, o a punto de sufrirlo, para no empeorar aún más las cosas y evitar nuestra transformación en unas "bestias" sin control. Mejor trátanos con cariño y ternura y verás que todo mejora.

¡Cómo hubiera cambiado la cosa si en lugar de apretarme una pastilla contra mis brackets la doctora me hubiese dado un fuerte abrazo!

Tras ese cuarto brote psicótico del año 2015 terminé la relación laboral que mantenía con la empresa de ingeniería y seguí con mis estudios del Grado Superior en Diseño en Fabricación Mecánica, cuyo segundo y último curso inicié el día 17-09-2015.

"No importa cuánto dura la vida, ni cuán rápido pasa.
Lo trascendente es lo que hacemos con ella."
Anónimo

"El cuerpo sabe lo que la mente
aún no se ha dado cuenta."
Nazareth Castellanos

16)
¿Terminar de estudiar?

Tras terminar de redactar el capítulo anterior, en el que hablaba de mi último brote psicótico, de las medidas coercitivas y de las secuelas, pasé una semanita bastante estresado.

Pensé que resultaría sencillo completar los 7 capítulos restantes, pero justo la noche anterior a empezar este, apenas logré dormir 4 horas. Por la mañana me tenía que enfrentar a la escritura de algo tan trascendental como mi incapacidad total.

Tras iniciar la introducción de este capítulo 16, he tenido que parar para meditar, clarificar los sentimientos y emociones que estoy experimentando. Me cuesta mucho más tener que asimilar los cambios que se están produciendo en mí en el presente al recordar esos instantes, que escribir acerca de algo que conozco perfectamente y ya ha pasado. Tal y como dice *Ryder Carroll en su libro: "el método bullet journal"*, examinando mi pasado estaba ordenando mi presente y diseñando mi futuro.

Siento lo insignificante que puede resultar para ti lo que estoy haciendo en este momento, dado que no me estás observando y solo yo conozco mis acciones. Sin embargo, ¿qué importancia tendrá en el futuro cuando el lector se sumerja en estas líneas? Si estás leyendo esto ahora, ya habrás descubierto si este contenido tiene cierta relevancia e importancia para ti. Si aún no la tiene, te invito a que sigas leyendo para descubrirlo.

No sé si fue buena o mala la idea de marcarme una fecha límite para terminar de escribir los capítulos restantes, tal y como ha ido ocurriendo durante toda mi vida en los distintos proyectos que he ido realizando, pues sé que esto me podría haber provocado una nueva crisis. Pero tras haber escrito mis primeros 15 capítulos, haber recibido ya 9 testimonios, y haber pasado ya más de 1 año desde que inicié la escritura de este libro, era hora de ponerle fecha límite. Más aún sabiendo que mi intención era ver si era posible que Ángel Martín y Mercedes Milá hicieran el prólogo, ya que han sido mis principales referentes motivadores. ¡Al menos tenía que intentarlo! Precisamente Ángel Martín iba a venir a Burgos con su espectáculo *"punto para los locos"* dentro de 1 mes y aún me quedaban por escribir 7 capítulos. ¡Todo un reto!

"

Pero no me quise agobiar y mi premisa era "disfrutar del trayecto", llegue o no llegue a terminar de escribir el libro antes del día 15-12-2023. Ya que ahora me conozco mucho mejor que en años anteriores y sé que mi autoexigencia puede pasarme factura.

"

Tuve la gran fortuna de poder hablar con Ángel Martín tras terminar su espectáculo en Burgos ese día tan señalado. Le ofrecí la oportunidad de participar en la elaboración del prólogo, cosa que rechazó dada la apretada agenda que tenía. Fue algo que valoré sobremanera dada la honestidad con la que me lo transmitió. De todos modos me dedicó unas palabras en cada uno de los libros que llevé para que me firmara. ¡Un gran día pese a todo!

También lo intenté con Mercedes Milá a través de las redes sociales y también me encontré con la desalentadora respuesta de que no podía participar en esta ocasión. Te agradezco Mercedes enormemente el hecho de que al menos respondieras a mi mensaje.

Con toda esta parrafada quería que vieras que lo que un buen día me propuse poniendo una fecha límite, tuvo un gran final para mi (aunque no el más deseado), pues al menos pude contactar con las dos personas que más me motivaron para preparar este libro. ¡Y estoy muy orgulloso de haberlo intentado, ya que si no me hubiese arrepentido toda mi vida!

También quería que vieras que lo que a veces parece ser un gran bloqueo que no te permite avanzar en la vida, no es sino el impulso para que te atrevas a lanzarte. Mi mayor temor hasta el momento de redactar este capítulo era enfrentarme a tener que hablar de mi incapacidad total.

Para entrar de lleno en la materia, debemos remontarnos a la fecha en la que sufrí mi tercer brote psicótico en el año 2010 cuando mi Familia se alarmó, viendo que su vida se podía ver trastocada e influenciada por mis constantes crisis. Es por ello que, tras debatir, informarse y hablar mucho entre ellos, decidieran hacerme ver que una de las posibles soluciones para evitar futuras crisis y brotes psicóticos pasaba por intentar solicitar una incapacidad permanente, con todas sus consecuencias. No podía parar de increparles y enfadarme con ellos cada vez que me hablaban de ello. ¡No podía permitírmelo! ¿Qué otra cosa podía hacer si lo único que sabía hacer era delinear planos?

No entraba en mi cabeza tener que dejar de trabajar en aquello que siempre me había apasionado, con lo que siempre me había ganado la vida. Así que tras mi tercer brote psicótico decidí seguir adelante trabajando en aquello que se me daba bien y en lo que parecía ser más productivo.

Pero las crisis continuaron, con una depresión en el año 2012, un nuevo brote en el año 2015… Había que pasar a la acción y tomar ciertas decisiones ya que ¡mi vida corría peligro!

Tras tomar la decisión de terminar mi relación laboral con la empresa de ingeniería para la que estuve trabajando en el año 2015 y seguir con mis estudios del Grado Superior, tuve que volver a escuchar los consejos de mi Familia y el psiquiatra que siguió mi caso mientras estuve ingresado en el hospital ese mismo año.

> **"**
>
> *Influenciado por "el qué dirán", por esa ligera falta de autoestima, tuve que solicitar asesoramiento en mi Centro de Salud de referencia, pues la situación se estaba volviendo realmente insostenible para mí y para mi Familia. ¡Tuve que rendirme ante la evidencia de todo lo ocurrido!*
>
> **"**

Incapacidad Total

Aconsejado por mi Familia y psiquiatra y a raíz de rendirme ante la evidencia de todo lo ocurrido surgió uno de los instantes más trascendentales, importantes y vitales de mi vida. Se produjo cuando tuve la oportunidad de conversar y solicitar asesoramiento por parte de la trabajadora social de mi Centro de Salud de referencia. ¡Nunca olvidaré el gran apoyo que recibí!

No fue nada fácil solicitar asesoramiento, pues con toda la educación recibida a lo largo de mi vida, parecía como si tuviese que tener que estar constantemente justificándome ante los demás en todo momento por aquello que había hecho, dando detalles a todo el mundo. Poco me apetecía tener que estar dando explicaciones por el mero hecho de estar buscando mi bienestar y el de mi Familia. Al solicitar asesoramiento me di cuenta de que tenía que aceptar las consecuencias de mis decisiones.

En el caso de solicitar una incapacidad permanente sabía que tendría que pasar por un tribunal médico, uno de los peores momentos de mi vida, y que tendría que superar ese mal trago yo sólo frente al Equipo de Valoración de Incapacidades, aunque me acompañase alguien de confianza hasta la entrada.

No pude evitar que me brotaran las lágrimas ante la abrumadora intensidad del estrés y la ansiedad, que casi me paralizan por completo cuando el médico inspector me interrogó.

Revivir ese momento hoy en día aún me sigue afectando, aunque dispongo de herramientas y recursos que me ayudan para reducir esa sensación de vulnerabilidad y fragilidad.

Todo ello me estaba provocando una extrema incertidumbre sobre mi futuro, una sensación de falta de control, ¡normal, estaba poniendo el destino de mi vida en sus manos! Tenían el poder de decidir sobre mi futuro a su antojo, según los informes que obraban en mi historial y su propio criterio tras verme y escucharme entre sollozos. Esta responsabilidad colocaba al médico en una posición de gran influencia sobre mi bienestar, mi futuro laboral, mi estabilidad financiera y, en última instancia, ¡mi calidad de vida!

Tuve que recopilar pruebas sólidas y objetivas de mis procesos vitales y crisis desde mi intento de suicidio con 22 años. Esto incluye informes médicos, registros de tratamiento y otros documentos relevantes para demostrar mi condición y mis limitaciones. El objetivo era determinar si cumplía con los criterios legales para recibir la pensión por Incapacidad Total. ¡Finalmente me la concedieron a finales del año 2015!

En varias ocasiones he tenido que enfrentar críticas, juicios, envidias y comentarios negativos por recibir dicha pensión. Aunque algunas personas sientan envidia de esta situación, la realidad es que nadie está dispuesto a sufrir las crisis, dificultades, obstáculos y sacrificios que he tenido que superar para obtener ese derecho.

> **66**
>
> *Se perfectamente que si no me lo hubiesen concedido tendría que haber seguido trabajando, aún a riesgo de tener una nueva crisis, un nuevo ingreso o un nuevo brote psicótico.*
>
> **99**

¡Estas eran las opciones que tenía, ni más ni menos! Pero estoy agradecido porque gracias a obtener ese beneficio llevo ya cerca de 9 años sin sufrir ningún ingreso, ni brote; aunque he enfrentado episodios críticos y crisis que he podido manejar eficazmente gracias a los recursos que he acumulado a lo largo de mi vida.

Pese a la resolución favorable sobre mi incapacidad, la incertidumbre sobre mi futuro no dejaba de bombardearme la cabeza con sensaciones limitantes de impotencia, vulnerabilidad, fragilidad e hipersensibilidad.

Ahí es cuando me di cuenta de que tenía que resignarme y aceptar mis limitaciones.

Pese a todo, seguí con mis estudios y terminé el Grado Superior realizando el Proyecto Fin de Ciclo (PFC), con su correspondiente presentación el día 17-03-2016 y también la Formación en Centros de Trabajo (FCT) durante más de 380 horas, dedicándome básicamente a la revisión y actualización de las Fichas Técnicas de Fabricación (FTF) de una empresa de fundición.

Curiosamente dado mi entusiasmo por el Grado Superior, obtuve muy buenas calificaciones, entre las que se encontraban las 2 Menciones Honoríficas en los módulos profesionales de representación gráfica en fabricación mecánica y proyecto de diseño de productos mecánicos (PFC), del Ciclo Formativo de Grado Superior Diseño en Fabricación Mecánica. Se valoró mi esfuerzo con un pequeño premio en metálico, por ser uno de los dos mejores expedientes académicos de esa promoción (2014-2016, con la calificación de 8,4), que recibí muy emocionado en la graduación que tuvimos el 20-05-2016.

Tenía reconocida una pensión y aunque podía optar por no trabajar, quería seguir siendo útil y válido para el sistema, a pesar de mis limitaciones, trabajando aunque fuese en otra cosa, ya que no tenía la capacidad para hacerlo en mi profesión habitual.

Pero todo iba a cambiar por completo pocos días después de terminar mi FCT, a finales del mes de junio del año 2016.

Fallecimiento de mi madre

Todo comenzó en la mañana soleada del día 21-06-2016, tras estar realizando trámites burocráticos acerca de mi incapacidad total. Volvía a casa en bus cuando mi hermano mayor me llamó por teléfono. Nuestra madre parecía haber sufrido un episodio grave en la residencia donde estaba alojada y él no podía acudir para ver qué había pasado. Al instante noté el estrés y el cortisol haciendo de las suyas.

"

Al llegar a la residencia el personal médico me informó de que mi madre había fallecido, cosa que me produjo un terrible de shock, una sensación de ahogo y un dolor fuerte punzante en el corazón, como si fuese a sufrir un infarto.

"

Fue terrible, una de las peores experiencias por las que he pasado. Les pregunté la causa y me lo explicaron, aunque no tomé mucha consciencia en ese mismo instante. Me quedé sentado llorando, completamente paralizado por la noticia.

Al poco rato me dijeron que podía ir a verla a la sala donde la habían llevado y nuevamente me quedé en shock al verla inmóvil, inerte, sin respirar... Mi impulso inmediato fue acercarme a ella y agarrarle de la mano. Aún la notaba caliente. Me quedé ahí un buen rato intentando relajarme y asimilar la situación sintiendo el calor de su mano entre las mías.

Logré calmarme un poco y hablar con el personal de la residencia acerca de los preparativos con los servicios funerarios. Es entonces cuando realicé varias llamadas a mis hermanos para darles la noticia. Fue muy duro ya que no es sencillo transmitir la noticia del fallecimiento de un ser tan amado como nuestra madre.

Si mal no recuerdo, creo que no se lo dije directamente para evitar que sufrieran un shock. Cuando iban llegando a la residencia y fueron viendo la escena dantesca de nuestra madre fallecida, sufrieron también ese duro impacto visual difícil de digerir. Justo cuando parecía que nos habíamos calmado, llegaba otro hermano y no podíamos evitar empatizar con su sufrimiento, llorando y abrazándonos para intentar calmarnos mutuamente.

Ese cariño y unión entre hermanos nunca lo olvidaré, pues ese apoyo de la Familia y amigos es imprescindible en unos momentos tan cruciales.

Toda esa situación provocaría el inicio de una nueva Crisis Existencial, que tuve que trabajar con apoyo y ayuda de mi psicóloga, Familiares y amigos, ya que de la noche a la mañana sufrí una soledad impuesta, no deseada ni elegida, pues yo era quien convivía con mi madre.

Con unos padres con un corazón tan grande, tan lleno de Amor, tan humildes y generosos aprendí a ser perseverante, a no dejar de estudiar, para evitar pasar por las penurias que habían pasado ellos. Así que me dije: ¡No te rindas nunca! Never give up!

¡No te rindas nunca! Never give up!

Pese a todo seguí con las prácticas y fui preparando un currículum actualizado para poder entregar a más empresas. Se lo envié a varios profesores y también a la agencia de colocación del instituto donde estaba a punto de terminar mi Grado Superior en Diseño en Fabricación Mecánica.

Fue muy curioso cuando me dijeron en la agencia de colocación que en algunas de las empresas donde habían enviado mi currículum, querían gente joven y con experiencia. Yo pensé: ¿cómo coño se come eso? ¿Te parece normal? Y empecé a darme cuenta de que, con la edad que tenía y mi experiencia profesional de más de 24 años no encajaba en los estándares que necesitaban las empresas de Burgos en esos momentos.

Realicé alguna entrevista para ver si podía trabajar como instructor de Pilates y fue tal la ansiedad y los niveles de estrés que sentí, que tuve que solicitar de nuevo cita previa con el orientador laboral del Centro Base. No me veía capacitado para impartir clases de Pilates ni para desarrollar cualquier otro tipo de actividad profesional. ¡Estaba completamente bloqueado y asustado ante lo que me podría deparar ese futuro tan incierto!

Antes de terminar las prácticas y viendo las oportunidades profesionales que tendría si me ponía a estudiar inglés, me apunté en la EOI de Burgos.

Como necesitaba sentirme válido y productivo, aún incluso a costa de mi propia salud, no paré de darle vueltas a mi cabeza para poder encontrar mi lugar en este mundo. Ahí empezó una etapa en mi vida en la que experimentaría un profundo Vacío Existencial.

"Lo que la mente del hombre puede concebir y creer, es lo que la mente del hombre puede lograr."
Napoleon Hill

17)
Crisis existencial y vacío existencial. Hipersensibilidad, ansiedad y depresión

El inicio de todo ello fue el fallecimiento de mi madre, pero empeoró cuando quise cancelar una de mis cuentas bancarias, ya que el trato que recibí fue muy agresivo y poco humano. Quizás si me hubiese pillado en otro momento de mi vida no lo hubiera dado tanta importancia, pero por aquel entonces me influyó de forma negativa.

Ese suceso hizo que quisiera protegerme de cualquier posible nueva sobreactivación, sin salir de casa, evitando así cualquier estímulo externo. Sabía perfectamente que era algo pasajero y que no duraría mucho tiempo, pero al no haber avisado a nadie, mi Familia se preocupó.

No fue agradable escuchar de boca de uno de mis hermanos decirme que estaba siendo egoísta por actuar de esa manera, pero lo único que estaba haciendo era protegerme, amarme, cuidarme y asegurarme de que nada ni nadie me afectase de forma negativa para poder superar esa etapa de hipersensibilidad.

Como se pudo comprobar, yo tenía razón y nada extraño pasó. Todo lo contrario, pude adquirir las herramientas y recursos necesarios para superar una situación crítica por mí mismo y sin apenas apoyo ni ayuda exterior, buscando únicamente en mi interior las respuestas. Eso me hizo aún más fuerte y resiliente.

Tras ese episodio surgió una oportunidad única de hacer algo que nunca había hecho: la Bioenergética. Me llamaba mucho la atención porque era una disciplina que estudiaba la energía vital y su flujo en el cuerpo humano, combinando principios de la psicología y la medicina para promover el bienestar físico y emocional.

No podía haber mejor momento para ponerlo en práctica y ver si me funcionaba. ¡Y así fue como ocurrió! Pude trabajar muchos aspectos de mi vida pasada: miedos, traumas, rabia, bloqueos, inseguridades, etc. Y pude ser consciente de cómo se iban desbloqueando con cada uno de los ejercicios y prácticas que realizábamos. Además lo acompañamos de una alimentación muy saludable y en plena naturaleza. ¡Algo increíble que me ayudó a superar el duelo por el fallecimiento de mi madre!

Tras esa fantástica experiencia seguí replanteándome de nuevo la vida y como ya comenté, poco antes de terminar mi FCT me inscribí en la EOI para empezar a estudiar inglés a finales de ese año. Quizá de esa manera podría tener más posibilidades de conseguir un buen puesto de trabajo compatible con mi pensión, pero había algo que no estaba cuadrando en toda esta ecuación. Algo en mi interior me decía que ese no era el camino que debía tomar.

Tuve que reforzar mi confianza y salvaguardar mi seguridad y bienestar. Por ello a mediados de ese año quise preparar mi testamento, al ver todas las complicaciones que acarrea el no tenerlo hecho. De esa manera podía dejar puesto en orden todo aquello relacionado con los trámites burocráticos, en caso de que me ocurriera algo.

A raíz de la consulta que tuve a finales del año con la trabajadora social de mi centro de salud de referencia, solicité información sobre las Instrucciones Previas, ya que conocía un documento que tenían preparado en Andalucía acerca de la *"Planificación anticipada de decisiones en salud mental"*. Algo de lo que hablaré con más detenimiento en el próximo capítulo.

Poco a poco fui dándome cuenta de que no tenía los recursos económicos suficientes como para pagar el alquiler de mi casa y cubrir los gastos de cada mes, incluyendo la comida. Eso me iba a provocar un extremo incremento de ansiedad y solicité una revisión de mi incapacidad por agravamiento a finales del año 2017. ¡A volver a pasar por el mal trago de un nuevo tribunal médico! Nuevamente volví a sufrir las mismas sensaciones que la vez primera, y quizá en esta ocasión aún peor, dado que estaba pasando por una complicadísima etapa de hipersensibilidad y ansiedad constantes.

Al ser resuelto desfavorablemente y viendo el estado de vulnerabilidad, fragilidad e hipersensibilidad en el que me encontraba, la persona que me asesoró y que llevó todo el papeleo de mi caso optó por recomendarme *que lo zanjase por el momento*, ya que siempre tendría tiempo de instar una nueva revisión más adelante, cuando me encontrase con fuerzas. No fue fácil asumir esa respuesta, viendo que no tenía capacidad ni apoyo suficiente como para luchar por mi propio bienestar y equilibrio.

Ahí se inició un nuevo proceso de depresión, desgana e incertidumbre para el que tuve que buscar el apoyo y asesoramiento de mi psicóloga y mi psiquiatra, dando lugar a un nuevo diagnóstico, ¡el 8º ya!: *"Trastorno esquizoafectivo, ep. depresivo actual"*.

Meses antes de todo este proceso, yo iba llevando por escrito una especie de "diario cronológico", en el que escribía la fecha y los acontecimientos que iban sucediendo en mi día a día. Todo ello para tomar consciencia y no perder de vista los hechos que estaban ocurriendo en esa etapa de mi vida, tan crucial y trascendente. Eran temas, influencias y posibles desencadenantes de mi *"abulia, anhedonia, clinofilia, apatía, depresión y ansiedad psíquica referida"*. Lo empecé a mediados del año 2017 viendo que mi estado no estaba mejorando.

> **"**
>
> *Me quedé flipado cuando al revisar esos textos leí que el día 10-07-2017 tuve casi un intento de suicidio. ¡Ya ni me acordaba!, pero dice mucho acerca de la crisis que pude sufrir durante aquellos años.*
>
> **"**

Ahí empezó un largo y arduo trabajo de recopilación de información y la documentación sobre mi Historial Médico, para poder preparar mis Instrucciones Previas. No fue sencillo, ya que no paraban de ponerme trabas y cuestionar mis capacidades, algo que sentí como de un trato vejatorio.

En medio de esta vorágine, fui también operado de mi hernia inguinal recidivada justo el día de los enamorados del año 2017, siendo dado de alta al día siguiente.

También fui recopilando información en las agendas que había comprado desde el año 2016 hasta el año 2018, en las que anotaba todo aquello que me parecía importante. Aquello me hacía sentir bien, pero no era suficiente.

“

Tener las necesidades básicas cubiertas no era suficiente para estar bien. Necesitaba algo más. Necesitaba tener mayor autogestión, autoconsciencia y control, para así tener la capacidad de encontrar patrones repetitivos de mi vida, que me dieran las pistas necesarias para reconocerlos y pasar a la acción en caso de que afectasen a mi vida diaria.

”

También se me ocurrió preparar un Horario Semanal en la semana 17 del año 2017 (a finales del mes de abril), en el que ir reflejando por escrito todos los hechos que iban aconteciendo en mi vida, en cada momento, en cada hora del día, manteniendo de ese modo una rutina diaria que me llevara a alcanzar los objetivos que me había propuesto para ese año y los venideros.

La cosa parecía funcionar muy bien, pero si quería revisar cierta información y encontrar patrones repetitivos, tenía que ir mirando semana por semana, para ver dónde se encontraba la parte del texto correspondiente y eso llevaba mucho tiempo, así que tuve que optar por buscar otras alternativas.

Cuando menos lo esperaba, apareció un amigo de Dana que me aconsejó una aplicación móvil llamada *"Diario Universal"* para llevar a cabo un registro muy similar al que yo estaba llevando, con la ventaja de que era en formato digital, y podía añadir fotografías y mis datos económicos. Para sacarle el rendimiento óptimo a dicha aplicación había que realizar un pequeño pago, para optar a la opción de poder imprimir todo en formato PDF. ¡Todo ello me empezaba a dar muy buenos resultados!

"

Eso me permitió alcanzar una increíble autogestión y autoconocimiento personal que transformaron por completo mi vida, algo que resultó ser clave para mi evolución.

"

Fui tomando consciencia de que mi vida estaba experimentando una transformación completa y me vi obligado a realizar una serie de cambios trascendentales. Empecé por realizar un Voluntariado. Y también me puse a elaborar un documento que me pasó mi psicóloga titulado: *"Reflexiones: Tu propia Transición Vital"*, ya que necesitaba sentirme útil en un futuro lleno de incertidumbre. Pero antes de todo eso tenía que ponerme manos a la obra con mis Instrucciones Previas, para dejar todos los hilos bien atados.

"No pienses que no pasa nada, simplemente porque no ves tu crecimiento... las grandes cosas crecen en silencio."
Buda

18)

Testamento vital: instrucciones previas

A finales del año 2016 decidí ir moviendo la energía para pasar a la acción y para ver de qué manera podía realizar mis Instrucciones Previas (Testamento Vital / Voluntades Anticipadas).

Nadie se puede hacer una idea de todo por lo que tuve que pasar para lograr registrarlo.

Este documento es legalmente vinculante y contiene las preferencias y decisiones de una persona con respecto a su atención médica en situaciones en las que no puede expresar sus deseos de forma adecuada.

Como ya había experimentado con anterioridad varios ingresos hospitalarios que no fueron voluntarios y había sufrido medidas coercitivas, quise plasmar por escrito mi voluntad e instrucciones para que se pudieran seguir, en caso de que me viese incapacitado por cualquier motivo para tomar las decisiones por mí mismo.

Para ello nombré a 3 representantes, que pudieran actuar como intermediarios o portavoces ante el médico o el equipo sanitario.

Estudié con calma la información acerca de un modelo de documento que tenían preparado en Andalucía sobre la *"Planificación anticipada de decisiones en salud mental"*. Y es cuando me informé sobre el procedimiento que se tenía que llevar a cabo en nuestra comunidad autónoma.

"

Para ello la trabajadora social me informó de cuál era el objeto de las Instrucciones Previas y que en temas psiquiátricos había que contar si la capacidad volitiva estaba alterada, pudiéndolo registrar en la Gerencia de Salud de Área de Burgos.

"

Posteriormente superé todas las trabas que me iban poniendo pero me sentí más estigmatizado que nunca (incluso por médicos relacionados con la salud mental).

Recopilé toda la documentación posible acerca de mi Historial Clínico, poniéndome en contacto con multitud de profesionales en el ámbito de la salud mental. Preparé un documento particular con más de 700 páginas, para tener "ordenada mi mente" con todos los episodios y sucesos acaecidos a lo largo de mi vida.

Teniendo recopilada casi toda la documentación fui redactando un primer borrador del documento acerca de la *"Planificación anticipada de decisiones en salud mental"*, teniendo la supervisión de mi estimada compañera de voluntariado y el V.º B.º de la psicóloga de la asociación en la que hice el voluntariado.

Una vez terminado ese primer borrador, me puse en contacto con mi psicóloga y trabajadora social de la USM del Hospital Divino Valles, para que me asesoraran al respecto. Se quedaron con una copia del documento inicial. El jefe del servicio de psiquiatría prohibió a mi psiquiatra que me informara acerca de mi enfermedad mental. Era el primer caso en Castilla y León en el que se estaba preparando un documento de Instrucciones Previas relacionadas con el tema de la salud mental.

Me afectó muchísimo tal actitud por parte de un profesional de referencia en salud mental en nuestra ciudad, y me sentí completamente estigmatizado, ninguneado, frustrado y cuestionado. ¡Pero no me rendí y continué con mi objetivo!

El documento que había preparado y mi caso particular tuvo que pasar por una Comisión de Bioética para ser aprobado.

Como no tuve referencias para saber qué pasos tenía que dar, me tuvieron mareando la perdiz dando vueltas de un lugar a otro. Parecía como si quisieran anularme por completo. ¡Todo esto duró cerca de 4 años! Espero que una vez allanado el camino a ti te lleve menos tiempo.

Este proceso desembocó en el último diagnóstico recibido hasta el momento, ¡el 9º!: *"Trastorno esquizoafectivo, trastorno esquizotípico de la personalidad"*.

Salvo honrosas excepciones, me di cuenta de que no se acabará jamás la estigmatización incluso por parte de los profesionales en salud mental, a menos que dichos profesionales dejen de vernos como "pacientes" y podamos llegar a ser incluso amigos suyos. Pero conozco de primera mano que no se les educa para eso. Sería fundamental un cambio en la formación y en la percepción, promoviendo una relación más humanizada entre profesionales y personas en busca de ayuda. Esto podría contribuir a superar barreras, reducir la estigmatización y fomentar una comprensión más completa de las experiencias individuales en el ámbito de la salud mental, fomentando la confianza entre paciente y psiquiatra y psicólogo.

"Si haces lo que siempre has hecho, obtendrás
lo que siempre obtuviste."
Tony Robbins

19)
Voluntariado

Precisamente el mismo día que solicité asesoramiento a la trabajadora social de mi centro de salud de referencia, para conocer más acerca de las Instrucciones Previas, me dio un tríptico con información acerca de una asociación que trabajaba la salud mental en Burgos, y no tardé mucho tiempo en ponerme en contacto con ellos, dada mi necesidad imperiosa de sentirme útil.

Me reuní primeramente con la psicóloga de dicha asociación a mediados de enero del año 2017, para ver la posibilidad de colaborar con ellos mediante un Voluntariado. Fue tras la reunión que tuve con los miembros de su junta directiva el día 16-01-2017, en la que les presenté mi caso particular, cuando me ofrecí para preparar algo los lunes y miércoles por la tarde de cada semana. Posteriormente me asesoré al respecto y tuve una formación para voluntarios por parte de la psicóloga de la asociación.

Mi psicóloga de la USM del Divino Valles me recomendó un libro que podía usar de forma particular: *"Practicando la Escritura Terapéutica, de Reyes Adorna"*, con 79 ejercicios prácticos. ¡Algo que siempre le agradeceré porque cambió mi vida por completo!

El lunes 23-01-2017 realicé mis primeras dinámicas de presentación para la asociación, dentro del programa de ocio. Y el 30-01-2017 por la tarde empecé mi actividad de Voluntariado con mi primer Taller de Escritura, planteándoles a los participantes que escribieran acerca de dos cuestiones: ¿cómo me siento hoy?, y ¿cómo me gustaría sentirme hoy? Continué cada lunes de los años 2017, 2018, 2019 y 2020 hasta el día 02-03-2020, completando un total de 72 horas.

"

¡Me sentí útil y valorado!

"

Con esa experiencia aprendí que hay distintos "grados de severidad" (diversidad) dentro de la salud mental, algunos muy limitantes que requieren del apoyo, supervisión y ayuda de terceras personas, en los que apenas existe autonomía; y otros sin embargo en los que la autonomía puede llegar a ser total.

Durante todos esos años fui pasando por diversas experiencias trascendentales, y lo pude compartir con este maravilloso grupo de personas que cada lunes venía a mi Taller de Escritura.

Aprendí a gestionar situaciones complicadas y momentos críticos. Hubo días con instantes tensos, que supimos manejar gracias a la experiencia adquirida en dicho Taller.

También participé en unos *Talleres de Sensibilización* llevados a cabo en la Facultad de Salud de la Universidad de Burgos, para estudiantes de Terapia Ocupacional. Ahí pude contar mi propia experiencia y ver cómo impactaba de manera notable en cada uno de los estudiantes. Fue una experiencia increíble, que me permitió abrirme con más confianza y seguridad en mí mismo y empezar a ver que mi experiencia podría servir de ayuda a otras personas.

Fui consciente de que el camino para ir reduciendo la estigmatización en salud mental era ser sincero y mostrarse tal cual, sin temor al qué dirán, viendo que es algo natural como cualquier otra enfermedad, y que hay que hablar más de ello de una vez por todas.

"Esfuérzate por no solo tener éxito,
sino más bien para ser de valor."
Albert Einstein

20)
Mi transición vital

Aunque el documento de transición vital lo preparé con mi psicóloga a finales del año 2017 (justo el 12-12-2017), considero que mi Transición Vital se empezó a fraguar a raíz de mi último brote psicótico en el año 2015, cuando tomé plena consciencia de mi enfermedad y mis limitaciones y solicité la incapacidad permanente.

El documento en sí se trataba de 1 hoja A4 compuesta por 2 partes: una primera titulada *"Reflexiones: Tu Propia Transición Vital"*, compuesta por 9 preguntas acerca de los cambios que había tenido que afrontar, y aspectos de mi nueva vida. Y en la segunda parte tuve que preparar *"El Balance"*, pasando a describir mi antigua vida y mi nueva vida.

En dicho documento tuve que aplicar lo que últimamente estoy trabajando con la escritura de este libro y lo que estoy aprendiendo en la EOI, las 3 "C": Be *"Clear, Concrete and Concise"*, o como dice mi gran amigo Jesús: ¡Concreta, Cabrón, Concreta!

Tal y como dice la cita de *Carl Gustav Jung*: *"Lo que niegas te somete, lo que aceptas te transforma"*, y yo tuve que aceptar mi enfermedad.

66

Inicié un largo y arduo trabajo de recopilación
de mi Historial Médico (con más de 700 páginas).

99

Para ello fui solicitando toda la documentación e informes posibles. Sabía perfectamente que haciendo eso me iba a "remover", pero también que me iba a ayudar a encontrar mi propio equilibrio y me serviría en gran medida para poder preparar mis Instrucciones Previas.

Tras dicha recopilación, observé con gran asombro que había sido diagnosticado con más de 9 diagnósticos distintos a lo largo de toda mi vida:

1. Síndrome ansioso-depresivo (1) (1991).
2. Trastorno Adaptativo con Síntomas Emocionales Mixtos (2) (1991).
3. Trastorno psicótico breve sin desencadenante grave (3) (2001).
4. Trastorno de la personalidad (Trastorno psicótico breve) (4) (2007).
5. Trastorno bipolar, episodio maníaco (5) (2010).
6. Síndrome depresivo (6) (2012).
7. Trastorno bipolar, episodio maníaco con síntomas psicóticos (7) (2015).
8. Trastorno esquizoafectivo, ep. depresivo actual (8) (2017).
9. Trastorno esquizoafectivo, trastorno esquizotípico de la personalidad (9) (2018).

No fue agradable ver que los diagnósticos fuesen diferentes, pues eso me provocaba aún más ansiedad, sin saber muy bien por dónde iban los tiros y lo que me estaba ocurriendo, preguntándome en que se basaban para realizar diagnósticos tan diferentes. ¿Acaso la evidencia científica y los conocimientos de los profesionales en salud mental no deberían ser más uniformes?

Puedo comprender que la evidencia científica del documento DSM-5 está puesta en práctica por un comité de expertos obedeciendo a criterios de validación empírica rigurosa (*proyectando superar el sistema basado en el juicio clínico, acudiendo a criterios de validez utilizados en medicina: los marcadores biológicos*). Pero está basándose en datos y cifras recopiladas sobre un número de personas representativo ¡que no son yo!

Así que, en primera instancia, tuve que ir asimilando y aceptando como válidos todos los diagnósticos que iba recibiendo cada año, en cada crisis, con el consiguiente tiempo de adaptación. ¿Con cuál de ellos me debía quedar? ¿Cuál era el más acertado? ¿Quién tenía razón? ¿Por qué no se ponían de acuerdo en un mismo diagnóstico?

Parece increíble que todo empezase con lo que parecía ser un *"simple proceso de ansiedad y depresión"*, y haya finalizado con un diagnóstico *esquizoafectivo*... ¿Yo una persona con rasgos de esquizofrenia? ¡Uff, qué duro sonaba eso y qué difícil de asimilar y aceptar!

De todos modos el que más me fue resonando fue el de *"Trastorno Bipolar"*, ya que había pasado por sus fases depresivas y maníacas, con varios brotes psicóticos, cosa que parecía cuadrar en prácticamente todos los episodios.

"

Me hice la pregunta clave por aquel entonces: ¿a quién debía creer? Y opté por tomar la decisión más sabia: ¡creer en mí mismo!

"

No resulta agradable ver cómo te etiquetan de esa forma, porque al final tienes que acabar creyéndotelo si quieres llevarte bien con la Familia y los médicos (al menos eso pensaba por aquel entonces), ya que sé de primera mano que las Familias sufren muchísimo cuando tienen cercano a algún Familiar con alguna enfermedad mental diagnosticada y no lo aceptan. Por eso pensé que la mejor manera de recompensar el esfuerzo que mi Familia estaba haciendo por mí, era hacer todo lo posible para mejorar mi estado y que me vieran bien. Todo ello lo intenté hacer aplicando la frase que nos decía nuestro profesor de la EOI: *Take it easy! ¡Tranquilo, tómatelo con calma!*

Así seguí intentando "encontrar mi lugar en este mundo", ¿qué pieza del puzzle representaba yo?

Factores de Riesgo / Tendencias

Estaba claro que en esa búsqueda tenía que tener muy en cuenta cuáles eran mis "tendencias y factores de riesgo": tendencia suicida, a la depresión (sesgo de negatividad), a la ansiedad y el estrés, a la rumiación, a la hipersensibilidad, de procesamiento lento, a la vulnerabilidad, a la fragilidad, a la alta sensibilidad, a la dispersión, al perfeccionismo, a la autoexigencia...

Aprender a vivir con ello es algo que me he tenido que trabajar desde siempre. No quiero decir con esto que estas tendencias deban suceder obligatoriamente, pero es más probable que ocurran en personas que tienen este tipo de inclinaciones o patrones de comportamiento. Al mismo tiempo, me di cuenta de que ciertas tendencias pueden ser muy beneficiosas y enriquecedoras en lugar de ser factores de riesgo.

Un ejemplo claro de mis limitaciones y factores de riesgo está puesto en práctica en la EOI, en la que claramente salgo de mi zona de confort y me enfrento al reto de llevar en clase y en casa el mismo ritmo que mis "partners", aprendiendo un nuevo idioma (por cierto, muy beneficioso para el cerebro). Aunque tenga tendencia de procesamiento lento y en ocasiones lo pase fatal porque no sé qué decir en inglés, considero que ciertas tendencias no dejan de ser meros hábitos adquiridos, cuyas conexiones neuronales tienen ya un camino hecho a base de práctica y experiencia. Por eso al principio suele ser difícil crear un nuevo hábito. Así se van deshaciendo ciertas tendencias limitantes. Para superarlas, he puesto en una balanza lo positivo y lo negativo; y pesan más mis ganas de vivir que las ganas de morir.

66

Sé que por nuestra "tendencia suicida" y nuestra enfermedad mental muchas personas consideran que somos una carga para el sistema, la sociedad y nuestras Familias, y creen que estaríamos mejor muertos.

99

Suena duro escuchar esto, pero lo he sentido en multitud de comentarios y acciones de personas que han salido en los medios de comunicación y también en personas de mi entorno cercano. He llegado a oír expresiones como *"que gotera tiene"*, o *"seguro que tiene alguna tara"*, o *"se le va la olla"*, o *"seguro que está loco"*, o *"mejor no te juntes con él"*, o *"ha perdido la cabeza"* (ni que me la hubieran separado del tronco), etc.

¿Pero sabes qué?, ¡que se van a tener que aguantar!, porque esto es igual que lo que dice *Ambkor* en su maravillosa canción *Rocketman*: *"...Pero la vida no se pierde cuando dudas o tropiezas, se pierde cuando avanzas sin creer en tu grandeza..." "...Pero esto va de aguante, hasta que baje el dedo el César..."* Y como bien he dicho antes: ¡Yo decidí empezar a creer en mi grandeza!

ECV (Etapas del Ciclo Vital)

Resultó curioso ver que esta Transición Vital guardaba una íntima relación con lo que nos ocurre a los trabajadores cuando dejamos de trabajar y/o nos jubilamos, una etapa de cambio en la que muchas veces te preguntas: ¿en qué vas a invertir ahora ese tiempo que le estabas dedicando al trabajo? La gran mayoría lo tiene bastante claro si tiene Familia, inquietudes y hobbies, pero hay quien puede llegar a sufrir un proceso de transición duro, complicado y largo, como el que yo experimenté.

Pues bien, pocas personas saben que en ese período empecé a recopilar información, fotos y documentos sobre las distintas ECV por las que había ido pasando. Para ello preparé un documento Excel en el que iba anotando las fechas con los hechos concretos acaecidos en mi vida, empezando desde mi concepción y mi nacimiento hasta que llegué a esta etapa de mi Transición Vital.

Esa recopilación de información y documentos la fui llevando a cabo también para ir avanzando en la creación de mi Árbol Genealógico, intentando ahondar en la "Memoria Ancestral" de mi Familia y ver si existía algún patrón repetitivo en la información genética, muscular, energética y espiritual transmitida de padres/madres a hijos/as a lo largo de las distintas generaciones. Eso sería clave para poder encontrar mi propio equilibrio y bienestar.

Para ello fui solicitando multitud de partidas / certificados de nacimiento, de bautismo y de defunción en las distintas localidades y ciudades que me daban referencia en cada partida o certificado.

En todo ese proceso aparecieron fotos guardadas de los años 90, e intenté recopilar los nombres de las personas que aparecían en ellas.

Pues bien, todo eso empezó a crecer de tal manera, que preparé otro documento con las fotos de grupo que tenía guardadas de la época del CJH, para después ir poniendo el nombre de cada persona en la parte inferior.

Fui tomando nota de todos los contactos de aquellas personas, para ver si existía la posibilidad de podernos juntar de nuevo. A su vez, estas personas me fueron mandando fotografías de la época que compartimos en el CJH.

Tras haber creado uno nuevo, descubrí que ya existía un grupo de WhatsApp con antiguos socios del CJH, así que tomé la decisión de juntar ambos grupos de WhatsApp con su autorización, para ver si podíamos reunirnos después de tantos años sin vernos.

Algo extraordinario ocurriría años más tarde, tras juntarnos los antiguos socios del CJH en 2 ocasiones: a finales del año 2018 y a mediados del año 2019. Y es que decidimos crear una nueva asociación que nació a finales del año 2019, con su presentación oficial en el 3er encuentro a primeros del año 2020, poco antes de la "Pandemia". Su objetivo y fines cambiarían a posteriori debido a la dificultad que conllevaba la idea original, pero se enfocó en otras áreas que podrían aportar mucho más valor a la ciudad y el entorno social.

Tuve la necesidad de realizar muy a menudo constantes curas de sueño, ya que estaba lidiando con una carga emocional, física o mental muy significativa y difícil de sobrellevar. Empecé a transformar esas curas en algo más activo, lo que llamo "La Trascendencia" y la "Introspección Activa", basándome en técnicas de relajación, respiración consciente y meditación.

Puesto que no paraba de rumiar todo lo que me había sucedido, lo que me estaba sucediendo y lo que me iba a suceder, tuve que pasar a la acción (pero sin pasarme), moviéndome, activando también mi parte física, y especialmente escribiendo todo en mi *"Diario Universal"*, para reducir así mi *"Atención Residual"* y mi *"Fatiga de Decisión"*, que tanta energía me absorbía. Eso me ayudó un montón para crear un hábito con la meditación, haciéndose cada vez más sencillo.

La clave para evitar una nueva recaída y una nueva crisis era no sobrepasar el umbral del estrés. Para ello también tuve que reconocer que ¡no siempre tengo la misma energía!, ya que recibo a lo largo de los días diferentes estímulos y, por lo tanto, tampoco tengo por qué dormir todos los días las mismas horas y en el mismo momento y lo mismo para con las comidas.

"Camina lento, no te apresures, que el único lugar a donde tienes que llegar es a ti mismo."
José Ortega y Gasset

21)

¡Ayuda, por favor!

Uno de esos "momentos claves" sucedió cuando tuve que pedir ayuda, ya que al final no veía ninguna salida a mi situación y opté por rendirme, llorando multitud de días mientras comía y decidía que hacer con mi destino: ¡si pedir ayuda o acabar con mi vida!

Tuve que pasar por un nuevo proceso de evaluación, para ver si por mis limitaciones tenía algún grado de dependencia, y de ese modo tener la posibilidad de optar a una ayuda de comida a domicilio, para aliviar mi carga económica, aparte claro está de mi dificultad para gestionar mi alimentación de forma correcta. Así obtendría la supervisión de profesionales durante los próximos años. Se trataría del EPAP.

Ese proceso lo pude realizar gracias al asesoramiento que obtuve en la asociación en la que estaba haciendo el voluntariado. Tras ese asesoramiento hablé con la trabajadora social del centro cívico correspondiente, para ver la viabilidad de toda esta situación crítica.

> **66**
>
> *Recuerdo perfectamente el primer día que hablé con la trabajadora social del centro cívico en persona (justo el viernes día 23-02-2018), "roto de dolor, empapado en lágrimas, impotente, frágil, vulnerable y sin saber qué camino tomar en mi vida", le dije que ¡no quería ser una carga para nadie!*
>
> **99**

Nunca olvidaré la sensación tan gratificante que tuve tras escuchar las palabras tan reconfortantes y llenas de Amor que me dijo. Repito: ¡nunca lo olvidaré!, pues mi corazón empezó a notar esa paz que su voz me transmitía y que tanto necesitaba. ¡Por fin alguien sabía calmar mi estado y aliviar mi sufrimiento!

Para mí fue como si un ángel de la guarda hubiese venido para arroparme. Ahí es donde empezó a mostrarse la verdadera magia del universo, en forma de bellas y cordiales palabras.

Como dice Ambkor en su canción Rocketman: *"... Porque la magia no se puede ver si la miras con dudas..."*. Yo ya estaba preparado para verla, porque ya no tenía dudas.

Dice *Séneca*: *"La suerte es lo que ocurre cuando la preparación coincide con la oportunidad"*. Empecé a notar que no era solo la ayuda de estos grandes profesionales la que yo tenía, sino que existía algo más allá fuera del alcance de nuestros conocimientos racionales, que estaba moviendo los hilos y la energía para que fuese recuperando mi estado de paz interior.

A su vez, a primeros del mes de abril de ese año, mantuve contacto con personal de la junta directiva de la asociación donde estaba haciendo el voluntariado y, junto con la supervisión de mi estimada compañera de voluntariado, pude terminar de redactar el primer borrador del documento que estaba preparando acerca de la ya comentada *"Planificación anticipada de decisiones en salud mental"*.

"

Si no hubiese recibido la ayuda de la comida a domicilio, me las hubiese tenido que ingeniar por mí mismo para poder llegar a fin de mes, con los recursos económicos de los que disponía en esos momentos y los conocimientos profesionales y técnicos que había adquirido a lo largo de toda mi vida.

"

Una de las cosas más curiosas y que más me llamó la atención durante esa complicada ECV que estaba experimentando, fue el hecho de reconocer lo mucho que me ayudó el haber estado ingresado en la unidad de psiquiatría en varias ocasiones, pues había aprendido lo suficiente como para cuidarme yo solo en casa. ¡Además de ninguna manera quería regresar allí!

Visualizarme como si estuviese ingresado me ayudó a gestionar en multitud de ocasiones crisis que podían haberme llevado nuevamente al hospital. Lo hice simplemente plasmando por escrito en mi *"Diario Universal"* todo aquello que pasaba por mi mente. Eso me permitió liberar tensiones, bloqueos y estrés. Ahí es donde ¡me va la vida en ello!, en el hecho de ponerme manos a la obra con las crisis que van apareciendo.

Doy gracias a todo el equipo de profesionales que tuve la gran suerte de conocer en uno de los momentos claves de mi vida, pues gracias a ellos y, sobre todo a dar el paso de ¡pedir ayuda!, pude superar una de las etapas más críticas de mi vida.

"Si quieres ir rápido camina solo,
si quieres llegar lejos ve acompañado."
Proverbio Africano

22)

¡Disfrutar de la vida, aportando valor!

No es lo mismo "aportar valor" de forma obligatoria, que hacerlo de forma indirecta. Aportar valor de manera indirecta implica que las acciones que realizas están alineadas con tus valores esenciales y tu propósito o misión de vida, y dicha contribución es un reflejo auténtico de tu propia esencia.

"

Me encontraba en un proceso catártico de autoexploración, de autoconocimiento y autogestión, buscando mi propio camino más allá de las expectativas externas. Necesitaba cambiar de mentalidad y liberarme de limitaciones autoimpuestas o impuestas por la sociedad para buscar una autenticidad más profunda y significativa en mi vida.

"

Pero no fue hasta años más tarde cuando me di cuenta que el cambio no lo debía de hacer de puertas hacia afuera, sino de puertas hacia adentro, en primer lugar siendo útil y válido para mí mismo, sabiendo que el cambio que quería ver en el mundo lo tenía que ver primero en mí. Esa era la mejor forma de seguir viviendo ¡aportando valor!, tal y como dice *Mahatma Gandhi* en una de sus frases más célebres: *"Sé el cambio que quieres ver en el mundo"*.

Cuando terminé de redactar las Instrucciones Previas me vi completamente liberado de las tensiones y el estrés.

Durante ese trayecto fui adquiriendo las habilidades y recursos necesarios como para poder enfrentarme a un futuro muy incierto cuyo reto más importante lo tuve que enfrentar cuando apareció de la nada la dichosa "pandemia" en el año 2020.

Al realizar ese proceso catártico de autoexploración, de autoconocimiento y autogestión, buscando mi propio camino más allá de las expectativas externas, me convertí en un agente de cambio capaz de impactar positivamente en la vida de los demás, pues ya estaba impactando en la mía propia. Fue sorprendente ver cómo mis acciones iban produciendo resultados muy positivos y transformadores no sólo en mi interior, sino también en la vida de aquellas personas con las que me estaba relacionando.

> **66**
>
> *Sentía una gran satisfacción y gratitud al poder poner mis habilidades, mis capacidades y mis talentos al servicio de los demás. Con la experiencia que tuve haciendo el Voluntariado entre los años 2017-2020, sabía perfectamente que ayudando a los demás también me estaba ayudando a mí mismo.*
>
> **99**

No se trataba solo del reconocimiento externo, sino de sentir ese orgullo interno al saber que estaba haciendo algo valioso y significativo. Sin ir más lejos, pasado un tiempo tras dejar de trabajar, fui consciente del valor que había aportado mientras trabajaba, pues cerca de 400 Familias vivían hoy en día en alguna vivienda de los proyectos que yo había delineado.

Aunque no era mi intención directa por aquel entonces el hecho de aportar valor, me iba desafiando a mí mismo al salir de mi zona de confort y comprometiéndome con acciones altruistas. Aprendí a superar obstáculos, desarrollé nuevas habilidades y enfrenté situaciones que años atrás me hubieran provocado el colapso, bloqueándome por completo.

Lo más hermoso de todo es que al aportar valor fui creando una comunidad y conexiones humanas muy significativas, sobre todo conociendo nuevas amistades que se llegarían a convertir en las llamadas "Personas Vitamina / Personas Medicina", retomando incluso amistades que se habían perdido en el transcurso de los años, pero que ahora tomarían un cariz muy especial.

Todo ello me permitió sentir una sensación de pertenencia y colaboración que fortaleció mi autoconfianza y mis lazos sociales, brindándome un apoyo indescriptible en el camino hacia mi verdadero propósito, ¡disfrutando de la vida!

Lo que antes tardaba en solucionar semanas, meses e incluso años, hoy en día era capaz de solucionarlo incluso en menos de un día, casi al instante, pues había adquirido las herramientas y el sistema adecuado y adaptado a mis propias necesidades e intereses, ¡y eso tenía un impacto muy positivo en mí!

Es como si en estos últimos años me hubiese sacado una carrera o un mega-máster. Eso tuvo su mayor fruto cuando me vi motivado por Ángel Martín, para embarcarme en este precioso proyecto personal de escribir este libro, cuyo objetivo principal es ¡ayudar y aportar mi pequeño granito de arena!

"Pandemia"

Me daba mucha tranquilidad saber que en cualquier momento podía decidir no seguir adelante con este proyecto personal, pero mi perseverancia hacía que quisiese seguir adelante, pero a mi ritmo más sereno, consciente y pausado.

La pandemia nos puso a prueba a todos, generando la tormenta perfecta, para ver hasta dónde llegaban nuestros límites. Lógicamente a mí también me afectó, aunque trajera consigo también cosas muy positivas.

Mi relación con Dana se deterioró. Nuestra sensibilidad y el hecho de no saber enfrentar de manera adecuada esos nuevos desafíos sin precedentes, necesitando apoyo emocional, información precisa y ayuda práctica, hicieron que cada uno lo experimentase de forma bien distinta.

Tuve que recurrir a ayuda profesional y solicitar asesoramiento personal para ver de qué manera podría sobrellevar toda esa situación.

Todo el esfuerzo que había realizado años atrás para alcanzar mi equilibrio mental y emocional no lo podía tirar por tierra.

66

Tuve que meditar muchísimo, llorando desesperado en varias ocasiones mientras comía y tomar la difícil decisión de separarnos, pues era necesario para preservar nuestra integridad mental, emocional-social, física y espiritual.

99

Tomar la decisión de separarnos me hizo ver como habían sido mis antiguas relaciones, en las que no había sido yo la persona que había tomado la decisión de dejarlo. En esta ocasión me hizo de espejo la complicadísima decisión que tomé. Me hizo ver con más perspectiva y profundidad quién era y cómo había manejado mis relaciones sentimentales a lo largo de mi vida, encontrando claridad y luz en ciertos patrones repetitivos que han existido en mis experiencias previas.

Pensé que si una persona te quiere de verdad, querrá lo mejor para ti, te querrá ver bien, no querrá verte arrastrado hacia un abismo que te puede llevar a la tumba. Aunque el Amor puede superar muchas dificultades, no tenía capacidad para darle a Dana aquello que tanto demandaba, ya que me afectaba de forma negativa y me provocaba constantes crisis ¡mi vida corría peligro!

El apego, la dependencia y el grado de vinculación emocional excesiva nos jugaron una mala pasada, no teniendo suficientes herramientas como para superar ese duro bache. Esta resultó ser una de las graves consecuencias que trajo consigo la dichosa "pandemia".

Aún así, esta relación la considero como una de las más trascendentales de mi vida, pues me ha hecho de espejo, teniendo un impacto muy profundo en mi autoconocimiento, autogestión y crecimiento personal.

El hecho de haber estado ingresado en varias ocasiones, sin tener más recursos que mi propia imaginación, un boli, un papel y mis manos, me brindó la oportunidad de relativizar todo, siendo muy consciente de que para mí en esos momentos convulsos lo más importante era descansar y alimentarme bien, haciendo un poco de actividad física en casa cuando no nos dejaban aún salir a la calle.

Creo que todo el mundo tuvo demasiado tiempo para pensar y ver de qué manera podía aquietar su mente. En mi caso he de reconocer que, pese a las circunstancias, aproveché esa oportunidad para ir rematando varias tareas que tenía pendientes, entre ellas mi Árbol Genealógico.

Aproveché la ocasión para observarme y meditar cada día durante horas. Eso me permitió tener la capacidad de poder pasar sin ningún problema más del 95% de mi tiempo a solas y sin agobios, disfrutando del proceso y siendo muy consciente de que la única persona que iba a estar conmigo en todo momento y en todo lugar durante toda mi vida era yo mismo. Me di cuenta de que teníamos que aprender a estar bien con nosotros mismos estando solos, de ese modo podríamos estar bien con los demás. Y estaríamos con los demás ¡no por apego o por necesidad, sino por elección propia!

A su vez, estuvimos preparando para nuestra asociación el plan estratégico para los próximos 5 años, lo que nos permitió poner en práctica los conocimientos adquiridos en varios ámbitos, empezando a impartir Talleres a finales del año 2020, con mascarillas incluidas.

Árbol Genealógico

Al iniciar la investigación sobre mis distintas ECV, me di cuenta de que apenas conocía la historia de mi Familia, salvo lo que nos habían contado nuestros padres acerca de nuestros abuelos, sus pueblos natales, los Familiares y ancestros que llegaron a conocer, etc.

Me puse manos a la obra y aproveché la oportunidad en plena pandemia para ir poniendo en orden toda la documentación que había solicitado a lo largo de los últimos 20 años, desde que falleció mi padre en el año 2000.

66

Eran multitud de partidas de bautismo, certificaciones de nacimiento, de matrimonio, etc. Ya que había conseguido llegar hasta alguno de nuestros octabuelos, alrededor del año 1675, en la segunda mitad del siglo XVII.

99

Resultaba increíble ver que cada persona tenía tras de sí el árbol de sus ancestros que abarcaba a 512 octabuelos, 256 heptabuelos, 128 hexabuelos, 64 pentabuelos, 32 trastatarabuelos, 16 tatarabuelos, 8 bisabuelos, 4 abuelos y 2 padres biológicos.

En algún lugar de nuestra "línea del tiempo" nuestros ancestros coincidieron y nuestras líneas genealógicas se entrelazaron. Así que podemos considerarnos parientes en cierto sentido, a pesar de que nuestra relación sea distante en el tiempo.

Recopilé información sobre mis abuelos / tíos abuelos, tíos / tíos 2º y primos / primos 2º. Lo que me llevó a recopilar documentación sobre la Familia que sigue viva, incluyendo los pequeños árboles Familiares de cada uno de mis tíos, hermanos de mis padres. A finales del año 2020 el número de miembros vivos de la Familia paterna era de unos 116 y de la materna unos 85 ¡y todo esto sin contar con mis tíos y primos segundos!

Preparé un documento (cuadro) que imprimí para colgar en el pasillo de mi casa, con nuestro Árbol Genealógico, de tamaño 1,60x1,00 metros. Hasta esa fecha de finales del año 2020 pude recopilar mi nombre y 32 apellidos seguidos.

A su vez preparé el árbol materno y paterno por separado, para poder entregarles una copia a cada uno de mis primos. ¡Menuda ilusión les hizo! Y ahí fui consciente de que también estaba ¡aportando valor a mi Familia!

A través de esta exploración, descubrí historias fascinantes de mis ancestros a través de cada una de las partidas y certificaciones.

Al compartir esta información con mi Familia, pude fomentar un sentido más profundo de pertenencia y conexión entre nosotros. Nos unimos al conocer nuestras raíces comunes y apreciar la diversidad de experiencias y culturas que forman parte de nuestra historia Familiar.

Además, al conocer las historias de nuestros ancestros, encontré inspiración en su resiliencia y superación de adversidades, sabiendo que lo hicieron lo mejor que pudieron con las herramientas que tenían en esos momentos.

Como no paro de repetir, hay una frase que descubrí en una charla y que siempre me digo a mí mismo y que va dirigida a mis Ancestros: *"Yo no he venido aquí para hacer mío vuestro Destino, sino para haceros partícipes de mi Liberación"*.

Talleres

El Árbol Genealógico lo di por terminado temporalmente a finales del año 2020, ya que es algo que siempre está en constante movimiento.

Como estaba enfrascado en multitud de tareas, podía haber tomado la decisión de parar y no seguir haciendo más cosas, por mi salud y mi tranquilidad. Pero mi necesidad de querer sentirme útil hizo que me pusiera a impartir talleres, a partir de finales del año 2020.

❝

Me especialicé sobretodo en la Gestión del Tiempo y el Talento, ya que es algo que me apasiona y que en esos últimos años, tras mi cuarto brote psicótico, había estado aprendiendo a través de grandes maestros y mentores.

❞

¡No me pagaban nada y lo hacía porque me apetecía! La experiencia que estaba adquiriendo impartiendo estos talleres estaba basada en hechos reales. La simple acción de llevarlo a la práctica no era más que una manera de confirmar que el camino que estaba transitando y experimentando era el correcto.

Los talleres de Gestión del Tiempo y Talento resultaron ser unas herramientas muy valiosas para llegar a alcanzar mi máxima eficiencia personal, aprendiendo a identificar mis fortalezas, mis debilidades, mis habilidades, sobre todo mis patrones, programas y paradigmas repetitivos, etc.

Todo esto lo potencié aún más cuando impartí el "Seminario Sinergias" este verano pasado. Un Seminario compuesto por 16 Píldoras Formativas que abarcaban áreas y aspectos de nuestra vida cotidiana que no nos han enseñado en la escuela, y que he ido aprendiendo a base de mucho esfuerzo y dedicación:

"El Aquí y el Ahora", *"Gestión de Metas"*, *"Gestión de la Información"*, *"Gestión del Estrés"*, *"Gestión del Tiempo"*, *"Gestión del Conocimiento"*, *"Habilidades Sociales"*, *"Crecimiento Espiritual"*, *"Gestión del Éxito"*, *"Salud Financiera"*, *"Gestión Emocional / Social"*, *"Motivación y Fuerza de Voluntad"*, *"Conciencia Corporal"*, *"Prioridades"*, *"Inventario Mental"* y *"Hábitos"*.

"Personas Vitamina / Personas Medicina"

Ha sido a raíz de hablar con mis dos grandes amigos: Jesús y Rubén, que he clarificado este apartado, ya que muchas veces no somos claros y concisos con los términos que usamos en nuestro vocabulario. Pero tampoco hay que darle demasiada trascendencia al asunto, ya que mientras una persona te entienda, no es necesario dar muchas más explicaciones, ya que *"soy responsable de lo que digo, no de lo que entiendes".*

Aún así me explico: muchas veces vemos que no es que una persona sea "tóxica", "positiva" o "vitamina", sino que más bien lo es su comportamiento. Aquí podemos aplicar la fantástica frase de Epicteto que nos dice: *"lo que importa no es lo que te sucede, sino cómo reaccionas ante ello".* Aunque una persona se esté comportando de manera tóxica, si yo no permito que dicha actitud me influya, me estaré comportando de manera saludable, es decir: tendré un comportamiento positivo, vitamina o medicina ante un comportamiento tóxico o negativo.

Por ejemplo yo en el pasado entraba dentro del comportamiento tóxico o denso, ya que fruto de mis actos la gente se alejaba de mí, sin apenas ser consciente de que eso estaba sucediendo a mi alrededor. ¡Me estaba quedando sólo! En la actualidad, son más las Personas Vitamina e incluso Medicina con las que me suelo rodear. Como dice Jim Rohn: *"Somos el promedio de las 5 personas que nos rodean".*

¿Qué ha podido cambiar en cada caso? Pues yo creo que la propia actitud, teniendo muy claro que en ocasiones no tenemos las herramientas adecuadas como para saber lidiar de manera correcta con nuestras dificultades. Y es que cuando una persona está mal hay que comprender que está pasando por un momento crítico que es temporal. Como me decía mi Familia: *"no hay que tenerte en cuenta aquellas malas palabras que nos* dices en los momentos que tienes tus crisis, y que pueden resultar ser muy hirientes, ya que nos afectaría de manera negativa y con eso no te ayudaríamos lo más mínimo".

"

Si eres inmune al veneno o a los comportamientos de las Personas Tóxicas, no te afectará lo más mínimo lo que te digan o hagan.

"

Son nuestra actitud y nuestras acciones las que nos definen y, por ende, la frecuencia vibratoria que emitimos a la hora de relacionarnos con los demás. Sólo podemos ser dueños de nuestras palabras y actitudes, no de aquello que recibimos de los demás y por supuesto de nuestra reacción ante ello.

Estas expectativas nos pueden hacer mucho daño y yo rompí ese patrón repetitivo cuando me puse a impartir el "Seminario Sinergias" este verano pasado. ¡El aprendizaje fue brutal! Tomé consciencia de que muchas de las cosas que la gente te dice no las cumplen, habiéndote generado unas expectativas concretas al respecto. Nada es lo que parece, nada es como te lo venden. Sigue los mensajes que te dicta tu corazón y tu intuición y te encontrarás con la respuesta correcta.

Romper ese patrón de las expectativas fue clave para mí. Somos nuestros dueños y señores y podemos hacer con nuestras vidas los cambios que deseemos, siempre con las herramientas y recursos que disponemos, claro está.

Pero volviendo al inicio de este apartado, fue a raíz de hablar con Rubén, que surgió lo que él denomina: la *"Tabla para las Prioridades Interpersonales"*, que tiene mucho que ver con los niveles y clasificación que yo preparé posteriormente.

Dicha tabla está hecha bajo el "patrón de la proactividad" y da una prioridad concreta a la relación con las personas. Va desde un nivel 0, para personas que para ti "no existen" o de las que ya no quieres saber nada, hasta el nivel 6, que serías "tú mismo" (y todo esto teniendo en cuenta que puede variar en cualquier momento). De esta manera se puede evitar ese tipo de Fugas de Energía que tanto pueden llegar a desgastarnos.

Parece un tema sencillo, pero puede influirnos muy positiva o muy negativamente, pues nuestras relaciones con los demás determinará en quiénes nos convertimos, y muchas veces tenemos que aprender a decir no a situaciones, comportamientos y personas que nos pueden hacer daño.

Teniendo en cuenta lo que ya he dicho con anterioridad sobre que tampoco hay que darle demasiada trascendencia a la manera de expresar un término concreto y viendo que, del mismo modo que a Rubén o a cualquier otra persona le funciona un sistema, una clasificación, una herramienta o recurso, a mí me resultó interesante realizar la mía propia del siguiente modo:

- Nivel 0: "Personas Negativas".
- Nivel 1: "Personas Tóxicas".
- Nivel 2: "Personas Neutras".
- Nivel 3: "Personas Positivas".
- Nivel 4: "Personas Vitamina".
- Nivel 5: "Personas Medicina".
- Nivel 6: "Maestro Interior".

"

Lo único que hay que tener bien claro en esta distribución es que la persona más influyente y más importante de tu vida eres tú mismo, es decir: tu "Maestro Interior", subrayando la importancia de la autorreflexión y el autodescubrimiento.

"

Existen y existirán personas y comportamientos que podrán afectarte de manera muy negativa, por lo que deberás prestar atención, pues definirán el camino, dirección y el rumbo que estás tomando en tu vida. Al final se trata de promover una mayor consciencia de las relaciones interpersonales y de ver la gran importancia que tiene el hecho de tomar decisiones conscientes para cultivar relaciones sanas, que contribuyan positivamente a nuestro bienestar y crecimiento.

Tal y como dice Ángel Martín, para él las personas se dividen en 3 tipos:

1. Los que Suman.

2. Los que ni Fu ni Fa.

3. Los que Restan.

Aunque en este mundo dual en el que vivimos incluso me atrevería a decir que tan sólo existen dos tipos de personas: las que suman y las que restan.

O si te sirve algo que vi recientemente en un video que decía que sólo hay 3 tipos de personas en tu vida:

Primero: Está la gente "hoja". Éstas son personas que llegaron a tu vida solo por una temporada. Están ahí para tomar lo que necesitan y en cuanto haga frío, o sople un "viento" en tu vida, se habrán ido.

Segundo: Está la gente "rama". Aunque son más fuertes que las hojas, tienes que probarlos antes que salgas corriendo y pongas todo tu peso sobre ellos. Ellos pueden quedarse contigo por algunas temporadas, pero ellos se romperán cuando la vida se vuelva dura.

Y finalmente: La gente "raíz". Esas personas son muy importantes porque no hacen las cosas para ser vistos. Su único deseo es apoyarte y ayudarte a vivir una vida fuerte y saludable. Y aunque pases por un momento difícil, ellos te sostendrán. Ellos te aman tal como eres. Aquí se encuentran mi Familia y amigos.

Autoconocimiento y Autogestión

Para mi Autogestión tuve que solicitar ayuda y apoyo, pero soy plenamente consciente de que el mayor esfuerzo lo tuve que realizar yo, primeramente tomando la decisión de querer cambiar mi vida para mejor. Si uno no quiere cambiar por sí mismo es muy difícil que logre alcanzar esos objetivos que tanto desea.

Sin duda alguna el mejor regalo que le puedo hacer a mi Familia y amigos es el hecho de estar bien y sin crisis, ¡y eso no hay dinero que lo pague!

No resulta sencillo pretender concretar 54 años de la vida de una persona en alrededor de 300 páginas, más aún habiendo experimentado todo lo que yo he experimentado. Pero sí ha resultado ser un reto precioso que me ha ayudado a evolucionar, ya que ahora no soy el mismo que era antes de empezar a escribir este libro.

Precisamente durante el proceso, he podido descubrir que hay mucha más gente de la que nos podemos imaginar que tienen a alguien conocido con alguna enfermedad mental.

Seguramente puedas encontrar entre estas líneas alguna idea o frase que te ayude para ¡abrir los ojos y despertar!, del mismo modo en que me ha servido a mí. Sea lo que sea que sientas, bien estará.

Ha sido tal la evolución que he ido adquiriendo a lo largo de todos estos últimos años, que hoy en día pesan mucho más las ganas de vivir que las de morir, y eso es lo que me ha dado esperanza para poder luchar día a día y salir de aquel abismo en el que me encontraba tras intentar suicidarme.

"

*Poder expresarme con calma, sin prisas ni presiones
ha sido clave para aclarar muchas ideas y posibles
bloqueos que tenía y que, en mis momentos de crisis,
no supe expresar con claridad a los psiquiatras y
psicólogos. Quizás cuando era más joven no sabía
expresarme del mismo modo en el que lo hago ahora y
eso pudo condicionar el diagnóstico de los psiquiatras.*

"

Para mí uno de los puntos de inflexión más importantes para estar bien, tener ganas de vivir y tirar para adelante, fue el hecho de sentarme un buen día, justo en plena crisis existencial, y ponerme a escribir acerca de mi "Propósito o Misión de Vida". Necesitaba tener un rumbo que seguir, un puerto al que dirigirme, una ilusión al despertarme, no andar a la deriva. Y mantener el foco en esa dirección, para evitar dispersarme.

En ese viaje de autodescubrimiento, explorando mis pasiones, mis Valores Esenciales y mi Misión de Vida, alineé mis acciones con mis creencias más profundas, tomando decisiones trascendentales que cambiaron mi vida y mi futuro por completo.

Aprendí a monitorizar todos mis pasos, todas mis acciones, manejando mi tiempo de manera cada vez más eficiente, sin desperdiciar mi Energía, estableciendo prioridades claras y evitando la procrastinación. El hecho de haber trabajado como autónomo hizo posible que también fuera adquiriendo recursos como la perseverancia y la disciplina. Eso fue creando una serie de hábitos que me permitieron desarrollar habilidades de liderazgo personal, como la resiliencia para enfrentar retos y desafíos, convirtiéndome en una persona más equilibrada. Pudiendo de ese modo brindar apoyo a los demás de la manera más efectiva y eficiente posible, ya que estaba en sintonía con mis propias necesidades y limitaciones.

Y como estaba aplicando el enfoque de la EBH (Experiencia Basada en Hechos), también buscaba respaldar las decisiones que tomaba con información y documentación verificable y objetiva, para ello usé mi "Diario Universal".

"

La clave definitiva llegó cuando el día 06-10-2022 a las 15:24h, escribí en un Post-it que tenía pegado en el espejo del baño mi Propósito en tan sólo 4 palabras: ¡Disfrutar de la vida!

"

A partir de ese momento todo cambió, tomándome las cosas con más calma, como decía nuestro profesor de la EOI: *Take it easy!* Reduciendo mis niveles de autoexigencia. Una de las expresiones que más uso últimamente y que me ayudan un montón a relativizarlo todo es: ¡No me va la vida en ello! ¡Si ya tengo clarísimo que puedo morir en cualquier momento, para qué agobiarse!

Sabía perfectamente que donde pusiera mi atención iba a poner mi Energía y eso iba a crecer, así que me focalicé y me centré en ¡disfrutar de la vida, aportando valor!

Si tenía que pasar a la acción lo hacía de manera inmediata, sin procrastinar, siendo proactivo. Y como era consciente de que en mi vida tenía que resolver sobre todo los asuntos emocionales, tenía que ir por partes: primero resolviendo mis bloqueos y luego el resto de acciones necesarias. Por ejemplo: aunque sabía que era vital para mí comer y descansar correctamente, había días que mi mente y mi estado emocional no me lo permitían, ya que estaba bloqueado por completo y tenía que resolver ese bloqueo antes de ponerme a comer o dormir.

Otra frase que también me ayudó un montón y me motiva bastante, tras leer el libro de "El Kybalión", es la que escribí a finales del año 2022 en uno de los azulejos de mi cocina y que dice lo siguiente: *"Los labios de la sabiduría permanecen cerrados, excepto para el oído capaz de comprender". Hermes Trismegisto.*

Disfrutar de la vida

Para mí disfrutar de la vida no consiste simplemente en aceptarla como algo que se limita a seguir el ciclo biológico básico de nacer, crecer, reproducirse y morir (que también, y que respeto a quien así lo considere). Para mí la vida tiene un propósito más elevado y un significado más allá de esos aspectos puramente físicos y biológicos, ya que hay dimensiones más ricas y profundas que experimentar mientras se disfruta de un hermoso atardecer, un abrazo o un beso.

Para ello aprendí a cultivar una Actitud de Gratitud, reconociendo las bendiciones que me rodean, celebrando los logros, aceptando y agradeciendo lo que Soy y tengo, descubriendo la importancia de cuidarme integralmente y *buscando la belleza colateral, la que está oculta*.

Quien conoce bien el mecanismo y cómo funciona una persona que sufre algún tipo de trastorno, crisis o enfermedad mental, sabe que ¡nunca debemos bajar la guardia, pues cada día nos enfrentamos a un nuevo reto!

Pese a todo y a día de hoy, estoy muy, pero que muy agradecido de que la vida me haya dado "UNA SEGUNDA OPORTUNIDAD PARA VIVIR".

¡La historia continúa y sigo aprendiendo! Y como decíamos de pequeños cuando jugábamos al escondite, todo esto lo he hecho ¡por mí y por todos mis compañeros!

"Yo no soy un producto de mi situación.
Soy un producto de mis decisiones."
Stephen Covey

22
claves

Estas 22 CLAVES abordan una amplia gama de aspectos que, en mi experiencia personal, me han proporcionado valiosas herramientas y conocimientos suficientes como para manejar eficazmente situaciones de crisis y para alcanzar el equilibrio y la armonía en mi vida.

Cada persona es un mundo, por lo que es importante explorar qué herramientas y enfoques funcionan mejor de manera individual ¡encuentra las tuyas! Ese conjunto de pautas sirve como punto de partida y orientación.

1) **DESCANSAR BIEN.** Este punto para mí ¡es clave!, pues me he dado cuenta de que no dormir las horas que necesito (aunque sea a intervalos separados) ha sido el mayor causante del estrés, siendo el principal motivo por el que he sido ingresado en un hospital. Importante también conocer cuál es mi propio cronotipo predominante: Persona Matutina o Vespertina (búho o alondra).

2) **ALIMENTARME BIEN.** Si no alimento bien mi cuerpo no obtendré los nutrientes y energía necesarios como para poder tener una buena salud sobre todo física y, por ende, una buena salud mental.

3) **ESCRIBIR.** El hecho de monitorizar y escribir todo aquello que pasa por mi mente y todo lo que hago en mi vida, sobre todo aquello que me esté bloqueando o perturbando, me ayuda a reducir mi Atención Residual y mi Fatiga de Decisión, liberando la carga mental y dejando espacio a la creatividad. Uso lo que yo llamo una "Mente Externa".

4) **PREPARAR Y DESCUBRIR MI PROPÓSITO O MISIÓN DE VIDA.** Me sirve para mantener el foco en una dirección concreta, y así evitar la dispersión a la que suelo tender.

5) **PARAR CUANDO TENGA QUE PARAR.** ¡O paras o la vida te para! A mí me paró por completo y acabé ingresado en el hospital. Hoy en día ya reconozco los instantes en los que tengo que parar.

6) **NO VER NI LEER NOTICIAS SI NO ESTOY PREPARADO.** Este fue uno de los principales desencadenantes de mi primer brote psicótico, pues no estaba preparado para saber filtrar aquellas noticias y "mensajes" que recibía al ver la televisión. Lo que aprendí con el paso de los años es a tener sentido crítico y a

saber filtrar aquellos mensajes que recibo (incluso en mi subconsciente). Lo que más me ayudó fue poner en práctica lo aprendido con *"El Quinto Acuerdo"*: *Sé escéptico, pero aprende a escuchar*. Hoy en día considero que ya estoy preparado, pues ya no me influyen de manera negativa.

7) **CONOCER LA ANATOMÍA ENERGÉTICA.** Conocer por completo todo mi cuerpo, mi mente, mis emociones, mi energía, mi espíritu…, no sólo la parte física, a mí me funciona, así que por eso lo uso. Lo que cada persona haga con ese conocimiento ya es cosa suya.

8) **CENTRARME, ENFOCARME Y CONCRETAR.** Al tener tendencia a la dispersión, la energía que pierdo por el camino es agotadora, por lo que tuve que aprender a centrarme, enfocarme y concretar más. Administrar esas Fugas de Energía de manera correcta ha resultado ser clave para ser mucho más productivo y creativo que antes.

9) **ENCONTRAR Y DESCUBRIR MI PROPIO SISTEMA.** Con toda mi experiencia vital, he tenido que ir aprendiendo a base de palos, sin reconocer cuál era el Sistema que mejor me funcionaba. Hasta que con el paso de los años me fui dando cuenta de aquellos patrones repetitivos que se iban dando en mi vida y los iba reflejando de manera clara en mi Diario Universal, poniendo en práctica La Trascendencia y la Introspección Activa, con la Meditación.

10) **APRENDER A RELATIVIZAR LAS COSAS QUE ME SUCEDEN.** Yo era una persona muy perfeccionista y tenía unos niveles de autoexigencia muy elevados, cosa que me provocaba constantemente crisis, estrés y ansiedad. Hasta que me di cuenta de que no pasaba nada si relativizaba las cosas, no dando tanta importancia a todo aquello que hacía y a aquellas cosas que me sucedían, observando "el asunto" como algo temporal, a través de la impermanencia. Y usando el humor como una de las herramientas y uno de los Valores Esenciales de mi vida.

11) **PREPARAR UN DOCUMENTO DE INSTRUCCIONES PREVIAS.** Hubo un antes y un después de preparar el documento de mis Instrucciones Previas, pues habiendo sufrido varios ingresos, opté por llevar a cabo la alternativa que me parecía más apropiada para que, en caso de que me quedase incapacitado temporalmente para tomar decisiones sobre mi vida (por ejemplo si sufría un nuevo brote), se pudieran seguir las indicaciones previas que había señalado en dicho documento. Una vez registrado me quedé muy, pero que muy tranquilo. Prevenir con tiempo y tener muy claras las pautas que quieres que se tengan en consideración, creo que son aspectos claves en caso de sufrir recaídas no deseadas.

12) **DESCUBRIR LAS SITUACIONES LIMITANTES.** Para mí ha sido importantísimo reconocer cuáles son las Situaciones Limitantes que me bloquean, para saber qué medidas apropiadas he de tomar al respecto, aprender de ello e ir generando un nuevo hábito que haga que dichas situaciones cada vez sean menos limitantes.

13) **TENER UN ORGASMO AL DÍA (SI SE PUEDE Y SE TIENEN GANAS).** Proporciona beneficios físicos y emocionales, como la liberación de endorfinas, el alivio del estrés, el mejoramiento del sueño, del estado de ánimo y el fortalecimiento de la autoestima. Además de reducir la rumiación, esta práctica me ayuda a equilibrar la energía, promueve una mejor circulación sanguínea y fortalece el suelo pélvico.

14) **NO TENER MIEDO DE CONTAR MI HISTORIA A LOS DEMÁS.** ¡Ser Valiente, ser yo mismo!, mostrarme ante los demás tal cual soy, sin miedo al qué dirán por tener diagnosticada una enfermedad mental. Este es el primer paso que hemos de dar si queremos que vaya desapareciendo la estigmatización en salud mental.

15) **TENER CUBIERTAS MIS NECESIDADES BÁSICAS.** Esta es la parte más básica de la vida, pues si no se tienen cubiertas esas necesidades, el estrés y la ansiedad van a hacer aparición en nuestras vidas, con el consiguiente riesgo de desequilibrio. La búsqueda constante de empleo, de unos recursos económicos adecuados es algo que debemos resolver cuanto antes, para dedicarnos a lo que en verdad importa en nuestras vidas: ¡vivir, no sobrevivir!

16) **DESCUBRIR Y CLARIFICAR LOS DETONANTES / DESENCADENANTES DE MI ESTADO ACTUAL.** Al desarrollar estrategias para poder prevenir o poner remedio a posibles crisis, reconociendo instantes de nuestra vida en los que solemos tener más estrés, o menos ganas de vivir, podremos anticiparnos e ir enumerando cada uno de los detonantes o desencadenantes que provocan esos estados.

17) **HACER EJERCICIO (AERÓBICO / ANAERÓBICO).** Está demostrado que hacer ejercicio disminuye la probabilidad de padecer depresión, ansiedad, produce cambios en diferentes áreas y se favorece la neurogénesis del hipocampo. El deporte facilita también la secreción de dopamina, la conocida como hormona de la felicidad. Por mi experiencia particular he podido comprobar que en momentos en los que me he encontrado muy bajo de ánimo, sensible y vulnerable, el mero hecho de salir al campo y dar un paseo me ha ayudado a encontrarme mucho mejor. De hecho en los ingresos hospitalarios era una de las actividades que más solíamos hacer, dando una y mil vueltas por los pasillos del lugar en el que estábamos.

18) **VISUALIZAR.** Lo suelo hacer durante la Reflexión Matutina y sobre todo en la Vespertina, para que sea mi subconsciente el que trabaje, para ir creando nuevos hábitos y nuevas conexiones y nuevos circuitos neuronales, activando la neuroplasticidad de nuestro cerebro. Una buena manera de alcanzar nuestras metas. En mi trabajo me ha ayudado un montón, ya que debía visualizar los edificios, viviendas y obras en mi mente y delinearlo antes de que se construyeran.

19) **ESCUCHAR MÚSICA RELAJANTE Y ACTIVADORA / MOTIVADORA.** Por mis antecedentes como pincha discos en el CJH, y con anterioridad a través de la radio que teníamos en casa, he ido cultivando un gran Amor y gran pasión por la música, pues yo creo que sin ella mi vida se vería incompleta. Me facilita mucho la tarea de encontrar el equilibrio en los momentos en los que estoy sobreactivado o falto de energía. Uso mi propia música autobiográfica para reconocer qué temas me vienen bien en cada caso, y me ayuda bastante para relajarme o activarme.

20) **MEDITAR.** Haciendo lo que yo llamo: "La Trascendencia y la Introspección Activa". Íntimamente relacionado con lo que he comentado en el punto 1 sobre el descanso. Practicando técnicas de respiración consciente, mindfulness y como suelo decir muy a menudo: "anclado a tierra y conectado con el Universo". Incluso haciendo de vez en cuando algún ayuno digital de datos e información, y con cero pantallas si es necesario. Lo practico todos los días y depende de mi estado le dedico más o menos tiempo. Lo acompaño en ocasiones con el recurso de música relajante y motivadora.

21) **TENER VARIAS METAS PARA LOS PRÓXIMOS 12 MESES.** Precisamente este libro se ha dado porque un buen día me senté tranquilamente y me puse a escribir en mi Proyecto de Vida: "10 metas para los próximos 12 meses". Entre ellas estaba el hecho de terminar de escribir este libro en aproximadamente un año. Me ha servido para cumplir mis objetivos y para levantarme con ilusión por las mañanas, sabiendo lo que tenía que hacer por delante. Ideal si se tienen procesos depresivos, ya que te activa.

22) **ENCONTRAR MI PROPIO RITMO.** Ya que no me conviene seguir el ritmo frenético de otras personas y el que nos invade en la vida cotidiana, cargada de información. Seguir mi propio ritmo me ha servido para encontrar gran paz mental, calma, sosiego, creatividad, sabiduría, virtuosismo, maestría, excelencia...

Si tuviera que poner como prioritarias 4 claves, pondría: el descanso, la alimentación, la meditación (La Trascendencia y la Introspección Activa) y mi

Diario Universal (Mente Externa). Luego seguiría con el Ejercicio Físico. Y sobre todo ¡la respiración!, que las engloba a todas.

NOTAS
Clarificando

En este apartado se realiza una revisión de las distintas crisis que he tenido, mediante la elaboración de dos partes bien diferenciadas. En la primera se indican los posibles detonantes / desencadenantes, en la segunda se indican las estrategias, herramientas y recursos que me sirvieron para salir adelante, clarificar y remontar.

Año 1991:
INTENTO DE SUICIDIO

Posibles Detonantes / Desencadenantes:

- *Sufrimiento psíquico.*
- *Rumiación mental.*
- *Ligera adicción a las bebidas alcohólicas.*
- *Estrés laboral.*
- *La mili.*
- *Psicofármacos. (Ansiolíticos / neurolépticos).*
- *Ligera "herida de abandono" de la infancia.*
- *PAS: Persona Altamente Sensible.*
- *Timidez.*
- *Falta de seguridad y confianza en mí mismo.*

- *Poca tolerancia a la frustración.*
- *Tomarme todo de forma personal, "a pecho".*
- *Demandante de atención continua.*
- *Muy nervioso.*
- *Dependiente.*

Las Acciones, Estrategias, Herramientas y Recursos que me sirvieron para salir adelante, Clarificar y Remontar son:

- *Tratamiento psicológico.*
- *Que mi hermano mayor me dijera que la próxima vez que intentara hacer algo así pensara antes en él y en mi Familia.*
- *Apoyo, cariño y comprensión de mi Familia.*
- *Crear nuevas, sanas y enriquecedoras amistades gracias al CJH.*
- *Ganar mayor confianza y seguridad en mí mismo. Mejorar mi autoestima.*
- *Reducir mi timidez, aumentando la interacción en las relaciones sociales.*
- *Tomar más consciencia de quién Soy, de mis capacidades, del entorno en el que vivo y de cómo actúan y cómo nos ven los demás.*
- *Trabajar haciendo algo que me encantaba y se me daba muy bien.*
- *No tomarme las cosas de forma personal, tan "a pecho".*
- *La música.*
- *Rutas por la naturaleza.*
- *Escribir.*
- *Leer.*

Año 2001:
1er BROTE PSICÓTICO

Posibles Detonantes / Desencadenantes:

• Perder el autobús que iba a Vitoria.

• Fallecimiento de mi padre.

• Ruptura sentimental.

• Sufrimiento psíquico.

• Rumiación mental.

• PAS: Persona Altamente Sensible.

• Estar estudiando y trabajando a la vez.

• Estrés laboral.

• Dejar de trabajar como autónomo y empezar como asalariado.

• Secretario y decano del colegio de delineantes de Burgos 1998-2001.

• Atentado torres gemelas de Nueva York.

• No saber gestionar la información suministrada en las noticias.

• Película matrix.

• Programa Gran Hermano (GH).

• Cambio de moneda al euro.

• Falta de seguridad y confianza en mí mismo.

• Poca tolerancia a la frustración.

• Tomarme todo de forma personal, "a pecho".

• Demandante de atención continua.

• Muy nervioso.

• Dependiente.

• Temor a enfrentarme con otra persona.

• Vergüenza de que me vean desnudo.

• Temor a ahogarme en el agua.

Las Acciones, Estrategias, Herramientas y Recursos que me sirvieron para salir adelante, Clarificar y Remontar son:

- *Tratamiento psiquiátrico con psicofármacos.*
- *Apoyo, cariño y comprensión de mi Familia.*
- *Reducir el estrés laboral, dejando de trabajar como autónomo.*
- *Acostumbrarme a trabajar como asalariado, con un horario más estructurado, en algo que me encantaba y se me daba muy bien.*
- *Dejar la carrera que estaba estudiando en Vitoria.*
- *Dejar el cargo de secretario y decano del colegio de delineantes de Burgos.*
- *Pasar más tiempo con mis nuevas amistades.*
- *Búsqueda de una nueva relación sentimental.*
- *Ver menos la TV y ser escéptico, pero aprendiendo a escuchar. Incrementando el pensamiento crítico.*
- *Aceptar que a veces las cosas son como son y no como nos gustaría que fueran.*
- *Ganar mayor confianza y seguridad en mí mismo. Mejorar mi autoestima.*
- *Tomar aún más consciencia de quién Soy, de mis capacidades y mis limitaciones, incluso del entorno en el que vivo.*
- *Volverme más independiente y desarrollar mayor tolerancia a la frustración.*
- *La música.*
- *Rutas por la naturaleza.*
- *Escribir.*
- *Leer.*

Año 2007:
2º BROTE PSICÓTICO

Posibles Detonantes / Desencadenantes:

• *Situación estresante laboral, con despido improcedente.*

• *Incapacidad temporal y juicio.*

• *Sufrimiento psíquico.*

• *Rumiación mental.*

• *Trasladado a vivir a Gran Canaria, dejando atrás a mi Familia y amigos.*

• *Proceso arduo y muy estresante para poder vender mi casa.*

• *Búsqueda de un nuevo trabajo.*

• *No estar descansando bien.*

• *Imaginarme que mi pareja podía estar embarazada.*

• *Una de las peores sensaciones de mi vida: sentirme solo.*

• *Venta de mi coche.*

• *Resolver todo el papeleo burocrático.*

• *Posible ruptura sentimental.*

Las Acciones, Estrategias, Herramientas y Recursos que me sirvieron para salir adelante, Clarificar y Remontar son:

• *Tratamiento psiquiátrico con psicofármacos.*

• *Apoyo, cariño y comprensión de mi pareja, su Familia y mi Familia.*

• *Buen descanso y buena alimentación.*

• *Paseos con mi pareja.*

• *Dibujar.*

• *Conversaciones con la madre de mi pareja.*

- *Conversaciones con mi Familia.*
- *Aceptar y tomar consciencia de mi situación actual (en paro).*
- *Incrementar y mejorar el pensamiento crítico.*
- *Realizar un viaje por Europa.*
- *Decidir regresar a vivir a Burgos.*
- *Estudiar un curso con un horario estructurado.*
- *Volver a trabajar de nuevo.*
- *Pasar más tiempo con mi Familia y amigos.*
- *Conocer nuevos amigos.*

Año 2010:
3er BROTE PSICÓTICO

Posibles Detonantes / Desencadenantes:

- *Trasladado a vivir a Burgos, dejando atrás a mi pareja y su Familia y amigos.*
- *Dificultades en el ámbito laboral. Estrés generado por los viajes de trabajo.*
- *Rutina diaria casa-trabajo, trabajo-casa.*
- *Muchos viajes a Gran Canaria en un período muy breve de tiempo.*
- *Operación de corazón de mi madre (preocupado por ese factor externo).*
- *Rumiación mental. Sufrimiento Psíquico, por no saber frenar los pensamientos, la mente. Sobreactivación y sobreestimulación.*
- *No estar descansando bien, con insomnio de mantenimiento y despertar precoz.*
- *Agobio ante proyectos futuros (contraer matrimonio).*

- Incertidumbre sobre la posibilidad de dejar mi trabajo en Burgos y trasladarme a vivir de nuevo a Gran Canaria.
- Ideación sobre un trato más afectuoso con mi madre, mi Familia y amigos.
- Ideación sobre un viaje a Gran Canaria, que en realidad era hacia el hospital.
- Ansiedad flotante, déficit de concentración, planes y proyectos futuros de dudosa consistencia, con ideas extrañas, con actitud lúdica, pueril e inapropiada, con lenguaje expansivo y desorganizado, y risas inmotivadas.
- Discurso desorganizado, con bloqueos de pensamiento, sin conciencia de enfermedad.

Las Acciones, Estrategias, Herramientas y Recursos que me sirvieron para salir adelante, Clarificar y Remontar son:

- Tratamiento psiquiátrico con psicofármacos y apoyo psicológico.
- Apoyo, cariño y comprensión de mi Familia, amigos y compañeros de trabajo.
- Buen descanso y buena alimentación.
- Actividad física con paseos y rutas por la ciudad y la naturaleza.
- Volver a trabajar de nuevo.
- Conversaciones y pasar más tiempo con mi Familia, amigos y compañeros.
- Decidir retomar mi relación de pareja.
- Conversaciones con la madre de mi pareja.
- Aceptar y tomar consciencia de mi situación (anulación

de la boda y posible ruptura sentimental).
- *Incrementar y mejorar el pensamiento crítico y la tolerancia a la frustración.*
- *Incrementar y trabajar sobre mi fortaleza emocional.*
- *Acudir a charlas sobre desarrollo personal y espiritual.*

Año 2012:
LA DEPRESIÓN

Posibles Detonantes / Desencadenantes:
- *Operación de corazón de mi madre (preocupado por ese factor externo).*
- *Laboralmente bloqueado y poco a poco disminuyendo la interacción social.*
- *Estrés generado por los viajes de trabajo, con temor y miedo a perderme.*
- *Situación laboral en la que desarrollaba trabajos de organización y administrativos, con menos proyectos y menos delineación a realizar.*
- *Rumiación mental.*
- *No estar descansando bien, con insomnio de mantenimiento y despertar precoz.*
- *Rutina diaria casa-trabajo, trabajo-casa.*
- *Agotamiento mental.*
- *Muchos viajes a Gran Canaria en un período muy breve de tiempo.*
- *Una de las peores sensaciones de mi vida: sentirme abandonado por mi pareja.*
- *Posible ruptura sentimental al anular la boda.*
- *Sufrimiento psíquico y la depresión de largo recorrido.*

- No tener objetivos ni metas claros.
- Decaído, estado de ánimo bajo (debido al cambio de medicación) con apatía, abulia, cierta anhedonia, clinofilia y cierta ansiedad psíquica.
- Incapacidad temporal de largo recorrido.

Las Acciones, Estrategias, Herramientas y Recursos que me sirvieron para salir adelante, Clarificar y Remontar son:
- Tratamiento psiquiátrico con psicofármacos y apoyo psicológico.
- Apoyo, cariño y comprensión de mi Familia, amigos y compañeros de trabajo.
- Buen descanso y buena alimentación.
- Actividad física con paseos y rutas por la ciudad y la naturaleza.
- Volver a trabajar de nuevo.
- Conversaciones y pasar más tiempo con mi Familia, amigos y compañeros.
- Aceptar y tomar consciencia de mi situación actual (reducción de jornada laboral).
- Incrementar y mejorar el pensamiento crítico.
- Incrementar mi fortaleza emocional, trabajando el desapego y la desvinculación emocional.
- Aprender a manejar la frustración, sin generar tantas expectativas.
- Mantenerme enfocado en alcanzar mis metas.
- Cursos sobre desarrollo personal y espiritual.

Año 2015:
4º BROTE PSICÓTICO

Posibles Detonantes / Desencadenantes:

- *Encargarme de cuidar a mi madre junto con mis hermanos.*
- *Empezar a estudiar un Grado Superior.*
- *Falta de recursos económicos suficientes como para tener cubiertas mis necesidades básicas.*
- *Estar estudiando y trabajando a la vez.*
- *Dificultades en el ámbito laboral. Estrés generado por los viajes de trabajo.*
- *No estar descansando bien, con insomnio de mantenimiento y despertar precoz.*
- *Mala alimentación.*
- *Rumiación mental. Sufrimiento psíquico, por no saber frenar los pensamientos, la mente. Sobreactivación y sobreestimulación.*
- *Incertidumbre sobre mi futuro (sin trabajo).*
- *Hipersensibilidad.*

Las Acciones, Estrategias, Herramientas y Recursos que me sirvieron para salir adelante, Clarificar y Remontar son:

- *Tratamiento psiquiátrico con psicofármacos y apoyo psicológico.*
- *Apoyo, consejos, cariño y comprensión de mi Familia, pareja, amigos y compañeros de trabajo.*
- *Buen descanso y buena alimentación.*
- *Frases y citas motivadoras.*

- Actividad física con paseos y rutas por la ciudad y la naturaleza.
- Terminar los estudios de Grado Superior.
- Formación en Centros de Trabajo (FCT).
- Repartir los cuidados de mi madre.
- Aceptar los hechos y tomar consciencia de mi situación actual.
- Perseverancia, no rendirme.

Años 2016-2019:
CRISIS EXISTENCIAL Y VACÍO EXISTENCIAL. HIPERSENSIBILIDAD, ANSIEDAD Y DEPRESIÓN

Posibles Detonantes / Desencadenantes:

- Fallecimiento de mi madre.
- Falta de recursos económicos suficientes como para tener cubiertas mis necesidades básicas.
- Rumiación mental. Sufrimiento psíquico, por no saber frenar los pensamientos, la mente. Sobreactivación y sobreestimulación. Darle vueltas a mi cabeza para poder encontrar mi lugar en este mundo. + Llamadas telefónicas (estrés).
- Incertidumbre sobre mi futuro (sin trabajo).
- Hipersensibilidad. Cancelación de cuenta bancaria.
- Terminar de estudiar un Grado Superior.
- Empezar a estudiar inglés.
- Querer ser útil para el sistema.
- Mi Transición Vital.
- Ser consciente de mis limitaciones.

- *No estar descansando bien, despertándome con marcas de las uñas en las manos.*
- *Mala alimentación.*

Las Acciones, Estrategias, Herramientas y Recursos que me sirvieron para salir adelante, Clarificar y Remontar son:

- *Tratamiento psiquiátrico con psicofármacos y apoyo psicológico.*
- *Apoyo, ayuda, consejos, cariño y comprensión de mi Familia, pareja, amigos, profesionales de la salud mental (EPAP) y compañeros de clase (clave).*
- *Buen descanso y buena alimentación (clave).*
- *Meditación, La Trascendencia, Introspección Activa, mi Diario Universal (clave). + Ayuno digital.*
- *Perseverancia y constancia. No rendirme.*
- *Bioenergética.*
- *Música relajante y activadora (clave).*
- *Frases y citas motivadoras.*
- *Actividad física con paseos y rutas por la ciudad y la naturaleza (clave).*
- *Empezar a estudiar inglés.*
- *Aceptar los hechos y tomar consciencia de mi situación actual preparando mi Transición Vital.*
- *Hacer voluntariado.*
- *Recibir ayuda de comida a domicilio (clave).*
- *Preparar mis Instrucciones Previas, testamento vital, árbol genealógico (clave).*
- *Ser el principal promotor para la creación de una asociación.*

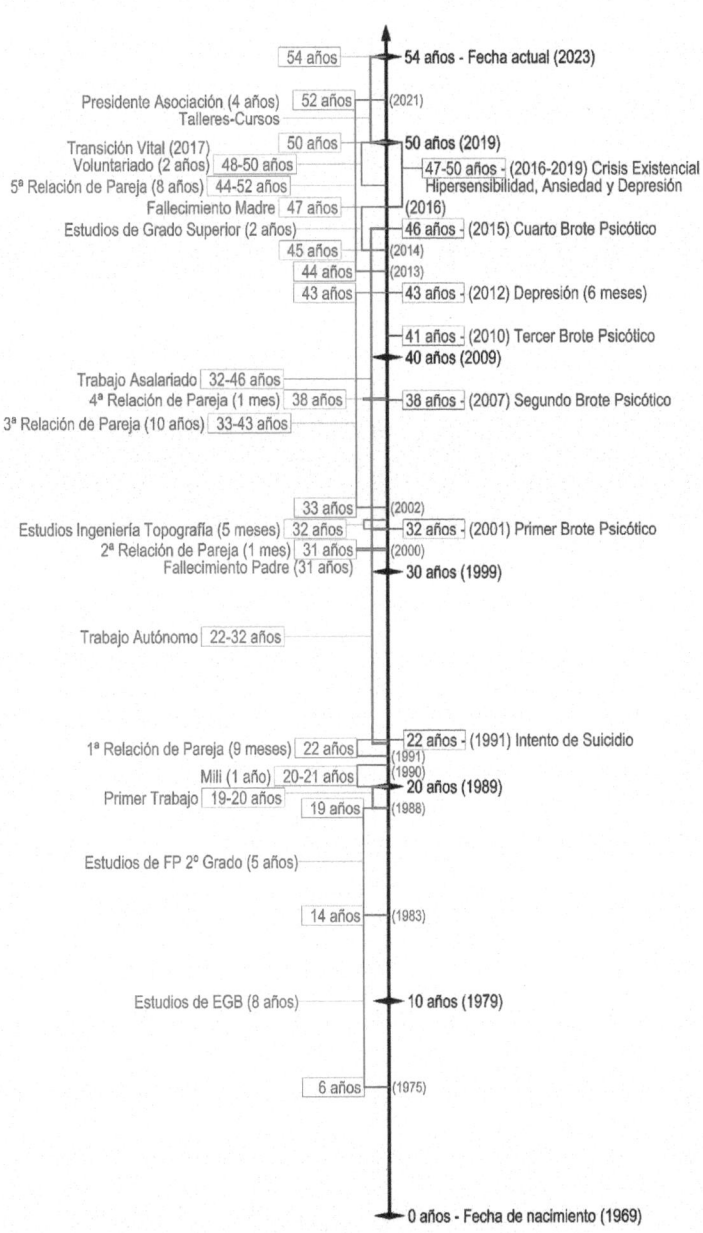

Cronología de Línea de Vida: Un Viaje Personal
(Hitos más relevantes)

Testimonios

Es de gran importancia contar con un apartado específico dedicado a aquellas personas que han vivido de cerca mis desafíos y evolución a lo largo de las diferentes etapas críticas de mi vida, así como aquellas que me han podido conocer a posteriori. Sus testimonios son cruciales para poder comprender la perspectiva desde el otro lado.

He querido invitar a todas aquellas personas que han estado cerca durante mis procesos, crisis, evolución, transformaciones y mi estado actual, a que compartan sus experiencias. Sus relatos no solo enriquecerán nuestra comprensión, sino que también podrán ofrecer apoyo y esperanza a otras personas que estén pasando por situaciones similares.

Haber tenido la capacidad de movilizar y poder contar con los testimonios de todas las personas que han aceptado la invitación para participar en este proyecto, dice mucho de todas ellas. Reconocen la importancia de dar mayor visibilidad a un tema tan crucial y trascendental como es la salud mental. Su participación no solo demuestra su compromiso y empatía, sino también su valentía al compartir sus experiencias personales. Al hacerlo, contribuyen significativamente a la sensibilización y a la desestigmatización de los problemas de salud mental en nuestra sociedad. Estoy profundamente agradecido por su colaboración y por el impacto tan positivo que han ido generando a través de sus testimonios. ¡Espero que te sirvan de inspiración!

HERMANO MAYOR

En una Familia como la nuestra, compuesta por los padres y cinco hermanos, el hermano mayor se convierte en el espejo de todos.

Siguiendo tu línea de vida, mi relación contigo la dividiría en tres etapas por la diferencia de 11 años, 9 meses y 22 días que nos llevamos.

La primera sería desde tu niñez hasta tu juventud, donde te pude cuidar cuando nuestros padres tenían que atender sus labores diarias. Con el tiempo, y al disponer yo de carnet de conducir y vehículo propio en el año 1976, hicimos en Familia viajes y salidas al campo donde tu Amor y respeto por la naturaleza creció.

En la segunda etapa, por la circunstancia de que formé mi propia Familia, mi relación contigo era en las celebraciones Familiares. Por eso el intento de suicidio del año 1991, así como el primer brote psicótico del año 2001, no lo viví tan de cerca como nuestros padres y hermanos que te ayudaron a salir de tan doloroso trance.

Es en la tercera etapa desde tu segundo brote psicótico del año 2007 hasta la actualidad, cuando nuestra unión y el apoyo Familiar han sido y están siendo ejemplares, superando penas como el fallecimiento de nuestra madre, y alegrándonos por el aumento de la Familia con los nuevos nacimientos.

Mi deseo, querido Julio, es que sigas la buena dinámica que estás llevando actualmente y que cuentes con todo mi apoyo.

José María Balbás Castro
(hermano mayor)

NO VIMOS LAS SEÑALES

Julio es mi amigo desde que puedo recordar. Los dos tenemos la misma edad. Juntos hemos estado en el parvulario, hemos jugado en la calle, hemos hecho deporte, hemos salido de fiesta y hemos realizado proyectos laborales profesionales.

Me ha comentado que escriba un testimonio de lo que ocurrió la noche anterior a su primera, vamos a llamar, crisis. Es difícil, hace mucho tiempo y éramos muy jóvenes, tan jóvenes y con tan poca experiencia en estas situaciones, que creo que de los cuatro o cinco amigos que siempre salíamos juntos de fiesta, ninguno se percató ni por un instante de lo que estaba pasando por la cabeza de nuestro amigo esa noche.

Sé que a ninguno de nosotros nos reprocha nada, pero también que nuestra poca experiencia en aquellos años en este tipo de circunstancias no ayudó en nada a nuestro amigo. Tendríamos que habernos dado cuenta de que algo no iba bien en la cabeza de Julio, pero claro, todo el mundo pensamos que esas cosas nunca pasan en nuestro entorno, ¡hasta el día que sí pasan!

A lo largo de los años, Julio ha sufrido recaídas en diferentes grados, pero hoy en día ha logrado controlar su vida. Está dando cursos donde explica a la gente cómo vivir más saludablemente, y ha dejado atrás esos viejos "fantasmas del pasado" que le atormentaban. De forma muy valiente, quiere dar a conocer en este libro en primera persona sus experiencias, para ayudar a aquellas personas que puedan estar en la misma situación, que pudo superar de forma admirable.

Los problemas concernientes a la salud mental son algo muy serio que no se debe de tomar a la ligera. De esta forma ayudaremos a mucha gente que quizás los esté sufriendo en silencio. Es en ese momento, cuando sus seres más cercanos tenemos que ser valientes y hablar con ellos. Parece fácil, pero llegado el momento no lo es. Creo que todos deberíamos reflexionar y utilizar un poco de nuestro tiempo para aprender a detectar estas situaciones y, así, afrontarlas con el cuidado y respeto que se merecen.

Luis Antonio Peco Martínez
(amigo)

"AL AMANECER, LLEGABA LA CALMA..."

Una llamada a mitad de la madrugada nos desvelaba con una sensación de alarma. A veces la escuchaba yo, a veces mi padre, quién me despertaba con suavidad y comprensión: "Es Julio, tu amigo. No se le oye muy bien...". Julio, desde una cabina sonaba muy opaco, con negros pensamientos: "Sólo quiero morirme…" Esas llamadas se producían los fines de semana de principios de los noventa. Yo rondaba los 20, Julio unos pocos más. Había salido con su grupo de amigos a los bares nocturnos de moda y en algún momento de la noche, tras bromas, risas y ebriedad adolescente, se le despertaba la angustia, se separaba del grupo y buscaba una cabina telefónica. "Sólo quiero morir…", entre sollozos.

Entonces comenzaba nuestro ritual de aquellos fríos inviernos. "¿Dónde estás, Julio?… ¿Qué ha pasado?…" Primero escuchaba su profunda rabia, entre balbuceos, y yo trataba de conseguir parar la inercia descendente, sus deseos de lanzarse a la carretera. "No hagas nada, amigo, estoy aquí, habla conmigo…" Poco a poco su rabia y su tristeza iban brotando en palabras y el diálogo surgía y la rabia daba paso al dolor, al dolor del vacío, del frío y la oscuridad que nos consumen cuando no se sienten los afectos. Y en esas largas conversaciones yo, en mi casa, paseando a oscuras, guiándome por el reflejo de las farolas en la niebla, trataba de transmitirle calor y ánimo.

Y después llegaba el momento de proponerle ir a su encuentro. Julio, nunca quería molestar, a él esas llamadas le llenaban de culpa. "Te voy a buscar yo, hermano, no tendrías que estar hablando conmigo…" Y en su coche, el Forfi, un Ford Fiesta rojo, comenzábamos nuestra road movie por las carreteras secundarias de la provincia. Sin rumbo, sólo conducir. Conducir le concentraba, tomaba el volante de sus emociones, se expresaba con nitidez y se calmaba. Los faros del Forfi cincelaban un paisaje abrupto y desértico de campos y niebla. Hablábamos de la implacable incertidumbre del hecho de existir, de lo perdidos y anhelantes que nos sentíamos, de la soledad en mayúsculas... Pero también, de las grietas dejadas por esos sentimientos, brotaban el humor, la vitalidad y la alegría. En algún momento la niebla se disipaba, y la aurora sustituía a la penumbra y, como sin prisas, la luz tenue iba cobrando presencia. La niebla parecía esparcirse, fugitiva, y aparecían rosas colinas en el horizonte. En cualquiera de ellas, Julio y yo parábamos la marcha y nos tumbábamos a ver el amanecer. La luz iba llenándonos poco a poco y el aire se hacía más tibio, nos acariciaba. Y entonces la oscuridad se transformaba en paz. Llegaba la calma.

Julio y yo compartíamos el vitalismo, éramos románticos, idealistas, y en consecuencia sensibles y vulnerables. Con nuestro impulso de Amor recién venido al mundo, sin una educación emocional, sin el soporte y los canales que nos aportan la experiencia, nos dábamos de bruces con el nihilismo de la vida. Y lo combatimos a golpe de amistad. Inauguramos juntos un espacio para el Amor.

La amistad nos donó la pertenencia, aquella que tanto anhelábamos, y construimos sus códigos basados en la comprensión, en la escucha, en la admiración mutua, en el abrazo, y como vitalistas primerizos, en la alegría de vivir. La alegría de compartir camino.

Esa amistad se fue ensanchando y encontrando nuevos -como diría Valle Inclán- correligionarios. Tuvimos la inmensa fortuna de formar un grupo de locos en pos de la alegría. Nos contagiábamos el afecto tanto como la risa y la inspiración. Juntos aventábamos el nihilismo con proyectos psicomágicos: los conciertos de nuestro grupo ArteSanos, el club de lectura de La puerta abierta, las largas acampadas en la Sierra, en cualquier Sierra y con cualquier clima. La pedagogía y el teatro, los viajes de madrugada a Salamanca, el Órbigo y Regueras, las largas noches y los amaneceres descubriéndonos hablar del espíritu y de sus partes tangibles... Y siempre con ganas de reír. Llegando al éxtasis de la risa, llenando de carcajadas el mundo, pues sentíamos también su silencio. El silencio del mundo. Un mundo entero de Silencio.

Ese Silencio que se ponía de manifiesto en los brotes que Julio fue viviendo más tarde. Siempre había un detonante. El estrés cerrando su soga a un ser de por sí metódico y responsable. O bien la constricción de los códigos sociales, tan sentimentales como desafectados. Donde una palabra seca y fría o una mirada desapegada e hiriente colmaban el vaso de la necesidad invocando de nuevo al Silencio, que con su confusión y oscuridad inundaban su alma y su psique.

Pero la vitalidad de Julio, esa fuerza de fe a la vida y a sus manifestaciones, esa humildad y mirada compasiva del que ha habitado en el vacío, esa tenacidad constructiva y resiliente, encontraban Siempre un nuevo sendero. Julio se recomponía reparando con oro sus pedazos rotos, como en el Kinsugui, haciendo una oda a la belleza de las cicatrices de la vida, sin disimulos. Así ha evadido las arenas movedizas del estigma social, así ha sorteado los caminos de la falta de estima. Respondiendo a lo ingrato con gratitud. Y a lo mezquino con generosidad. Por eso ha sido capaz de sumergirse en sus dolorosas experiencias y escribir este libro. Nunca se ha dado la espalda a sí mismo.

Hoy seguimos con esas llamadas en las que al amanecer llegaba la calma. Y aunque el devenir de nuestras vidas nos ha ido separando en el espacio, el vínculo sigue intacto y es instantáneo. Como un cuark que viaja de modo aleatorio y simultáneo por nuestras experiencias. Sin temor a duda sabemos dónde está nuestro otro, nuestra otra parte del vínculo en las primeras frases de esas llamadas, en los tonos de la voz, una suerte de música de la empatía. Sabemos en breves segundos, qué está sintiendo, qué alegrías o miedos le abordan y cuál es su estado de ánimo para afrontarlos. Vínculos, canales invisibles. Julio está aquí para recordarnos que la única manera de sanar del Silencio y la Soledad, es en el Vínculo sincero. Sin dar la espalda.

Rafael Díez-Labín Gázquez

(amigo)

TRAS LA SONRISA

Conocí a Julio en esa edad en la que nos iniciamos en relaciones adultas. Extrovertido e inquieto parecía encajar, aunque tras su enorme sonrisa se escondía una GRAN SENSIBILIDAD. A esas edades uno no se conoce y ésta es una condición que tendemos a ocultar. Creemos que la sociedad nos demanda ser duros, no llorar, no emocionarnos, quizá en parte era así. Pero las emociones si no las compartes, ni las expresas se van acumulando y transformando en dolor. Con el tiempo llega la confusión, la incomprensión y los sentimientos de soledad. Yo creo que algo parecido debió sentir Julio cuando un día decidió hacerse daño, desaparecer de un mundo "insensible". Las personas que le queríamos no entendíamos porqué éste impulso, probablemente no teníamos suficiente experiencia vital, aunque con cariño le acompañábamos.

Sé que sufrió y me duele la incomprensión que vivió.

Intuitivamente Julio aprendió que las compañías son importantes para caminar con determinación por la vida. Hay que rodearse de personas afines, empáticas, que saquen lo mejor de ti. El resto mejor lejos, sin rencores.

Y así vi como su vida mejoró.

Los años transcurrieron. Nuevos retos, con obligaciones, preocupaciones y exigencias fueron apareciendo en su trayecto vital. Mi amigo siempre ha sido una persona inquieta y muy perfeccionista. El estrés y probablemente esa sensibilidad mal gestionada le pasó factura. Tampoco en esta ocasión yo supe entender qué le estaba sucediendo, aunque intuía que algo iba mal. Es complicado, a posteriori te da rabia no haber estado más atenta, no haber entendido sus procesos mentales. Opino que deberíamos estar todos más informados y formados para saber cómo ayudar en estas situaciones.

Tras la vivencia de estas crisis que comparte valientemente en su libro, he visto a Julio ir "desaprendiendo" hábitos y estilos de vida. Los que le conocemos sabemos lo difícil que ha sido este proceso.

Por eso me enorgullece decir que ahora mi amigo Julio sabe disfrutar cada momento sin expectativas, y aunque algún problema inevitablemente se presenta no se agobia, lo gestiona para aprender. Ha crecido, ha desarrollado sus herramientas de defensa y sus fortalezas. Trasmite ganas de vivir.

Su sonrisa sigue siendo enorme, pero ahora ya muestra abiertamente su sensibilidad, sin dolor.

María José Crespo Corral
(amiga)

"BELLA IDIOTA"

Los recuerdos son traicioneros y la memoria selectiva. Tomando esto como punto de partida, lo que voy a contar a continuación no tiene demasiada importancia y mucho menos rigor. Si además le sumamos que todo son perspectivas de la realidad y que no vemos las cosas como son sino como somos, mi baúl de los recuerdos no es, ni más ni menos, que un lugar lleno de acontecimientos extraordinarios que sucedieron de manera diferente a como yo los recuerdo, y no por eso dejan de ser extraordinarios, así que serás tú, Julio, el que le otorgue el valor justo a este diminuto relato al que he titulado "Bella Idiota".

Así se titulaba una canción que relaciono de manera directa contigo y con aquellos años, en los que a menudo las noches de carcajadas y cachondeo terminaban en tu coche "El Forito" escuchando canciones sobre las que poder volcar nuestros amores frustrados y desgarrar un poco más nuestros jóvenes corazones rotos...

"Por amarte demasiado tú me ignoras, bella idiota me sonríes y me odias..."

Cantábamos a voz en grito sacando a nuestros pequeños demonios a bailar hasta dejarlos agotados. Había cierto placer en el martirio postadolescente. Nos revolcábamos en el lodazal de los sueños rotos como cerdos disfrutando de su baño de barro semanal. Éramos emocionalmente muy torpes, hijos de una generación en la que el reconocimiento y la gestión de las emociones se aprendían en el mejor de los casos por las malas. Y porque no decirlo, en la pandilla éramos, afortunadamente, bastante bestias en lo que a enfrentarse al universo se refiere. Pues bien, al terminar nuestras gloriosas sesiones de vida, todos nos retirábamos desahogados y frescos a nuestras casas y tú alargabas por tu cuenta la borrachera emocional durante horas con las consiguientes y dolorosas resacas.

"... Mas si dios te hizo tan bella como el Sol, como la luna, porque no escapamos juntos de este mundo maloliente que me abruma..."

Mientras unos nos asomábamos al pozo para ver el reflejo de la luna, tú, te metías dentro para intentar cogerla, obviando que tan solo era un reflejo. Para mi aquello no era más que tu personalidad, intensa como ninguna en el humor y también en el sufrimiento y la frustración.

"...Porque eres bella idiota, que llamaste anoche hasta la policía y que me llevaran preso les pedías solo porque había perdido la paciencia, la esperanza..."

En la pandilla "la secta" o la "Kelly family" como nos llamaban unos y otros, la vida y la juventud se vivieron con el acelerador pisado todo el tiempo. Decidimos, sin decidirlo conscientemente, que aquella familia que habíamos formado era un lugar seguro para regalar nuestra luz y nos daba la libertad para ser oscuros y densos cuando el proceso de cada uno lo requería. Quiero decir con esto que yo encajé tus ritmos mentales y emocionales dentro del ciclo natural de la vida, sabiendo que algunas cuestiones te atormentaban más que al resto.

"...Porque no eres más persona, me conformo como un perro con las sobras"

No seré yo quien analice lo que te sobraba o lo que faltaba, juntos compartimos unos años gloriosos y así como la vida nos juntó, nos separó de manera suave y fluida. Nuestros caminos se hicieron divergentes, así que no fui testigo ni cómplice cuando las tormentas, que supongo llevaban años fraguándose, estallaron de manera violenta. No presencié tu intento de suicidio, ni tus crisis, ni los duros procesos de recuperación. Supe de ellos, someramente, por terceros, hasta que hace un par de años volvimos a encontrarnos y tú mismo me contaste con todo lujo de detalles tu experiencia de aprendizaje y superación, de la cual seguimos disertando hoy en día.

En mis recuerdos de juventud hay risas, muchas risas, años preciosos rodeado de amigos extraordinarios entre los que había uno que lloraba amargamente entre carcajada y carcajada.

Ha pasado mucho tiempo, ya no hay "Forito", ya no compartimos lodazal en el que rebozarnos, pero se nos ha visto paseando en total oscuridad a altas horas de la noche brillando como dos pequeños soles.

"...Te recuerdo, cuando con mi primer sueldo te compré aquella pulsera, se te ilumino la cara yo te dije eres mi estrella..."

Ahora, muchas, muchas experiencias después, tú y yo sabemos que aquella "Bella idiota" nunca fue tan bella y los idiotas éramos nosotros... jajaja.

Jesús Cristóbal
(amigo, actor, autor y director)

Y DE REPENTE...

No sé muy bien cómo empezar mi relato, aunque tengo muy claro mi recuerdo porque me causó gran impacto. A pesar del tiempo que ha pasado, aún hay algo en mí que no lo ha terminado de procesar, ¿qué fue?, ¿cómo fue?, ¿por qué fue?, ¿en qué momento pasó?, ¿cómo no nos dimos cuenta de nada?

Julio y yo coincidimos como compañeros de trabajo. Él era un gran trabajador, siempre innovando para mejorar el trabajo de todos, aportando su conocimiento y facilitando el orden en el mismo.

El ambiente de trabajo era muy bueno y los compañeros nos llevábamos muy bien, como siempre, con unos te llevas mejor que con otros, o conectas más, pero en general, entre todos muy bien. Considero que éramos buenos compañeros, que estábamos ahí, más en lo laboral que en lo personal, pero bueno, también teníamos bastante confianza, nos apoyábamos y, sobre todo, nos alegrábamos los unos por los otros.

Recuerdo que por aquella época, año 2010, Julio estaba súper feliz, se iba a casar en breve y estaba con los preparativos. Todos estábamos felices por él en la oficina, aunque no conocíamos a su chica. Se iba a ir unos días a Canarias para terminar los preparativos porque estaban ya en plena organización.

Se cogió unos días libres para irse y nada, allí estábamos todos esperando su vuelta a ver qué tal, a ver qué nos contaba... y, de repente... el día que tenía que volver, Julio no volvió. Ya con la preocupación, porque no sabíamos nada, vino, creo recordar su hermano a la oficina para traer el parte de baja e informarnos de que Julio estaba ingresado en el Hospital Divino Vallés en el ala de psiquiatría y nos contó a grandes rasgos lo que le había "pasado"; le había dado un brote psicótico.

El shock fue general, cómo podía ser, si se había despedido de nosotros hacía unos días, tan alegre, ¿un poco más nervioso? Quizá; se iba a casar. ¿Algo más que hubiera notado alguien?... no; nadie se podía esperar aquello. También es cierto que no sabíamos nada de lo que le había pasado antes. Nos pilló tan, tan por sorpresa, nos sentimos tan "raros". ¿Qué había podido pasar?, ¿cómo había podido pasar?... ¿ni una señal? ¡Por más que hablamos,... nada!

Estuvimos muy preocupados por él, solo sabíamos que estaba ingresado y que no se le podía visitar... sólo nos quedaba esperarle. A su vuelta creo que al principio sí que le preguntamos cómo había llegado a aquella situación, qué había pasado con su boda..., pero rápido volvimos a intentar tener una rutina y dejar que aquello pasara.

Después dejó de trabajar, aunque solía venir a vernos y a tomar café, y veíamos que iba estando mejor, aunque tampoco hablábamos de lo sucedido y fuimos perdiendo el contacto, aunque sabíamos de nuestra vida, más o menos.

En 2015, totalmente recuperado, volvió a trabajar con nosotros en la empresa. Es verdad que fue una época de bastante estrés. Yo no coincidí tanto con él, pero en esta ocasión, sí que hubo señales de alarma, aunque también las vimos tarde. Los compañeros con los que estaba trabajando avisaron de que algo le pasaba, que estaba con mal genio, huraño, y que la había tomado con uno de los compañeros; Julio también se dio cuenta de que algo no iba bien. Los compañeros con los que estaba no sabían nada de lo que había sucedido la vez anterior. Y rápido hablamos con él y se decidió que el trabajo estresante no le favorecía, no recuerdo como exactamente pero al final, dejó de trabajar.

En esta segunda ocasión, el susto ya no fue tan grande y la sensación de extrañeza tampoco tuvo tanto impacto en nosotros, unos porque no le conocían apenas y otros porque ya le había pasado anteriormente, y aunque estábamos preocupados por él, no nos produjo ese shock, de hecho este recuerdo, aunque más cercano en el tiempo lo recuerdo más vagamente, sin embargo, la sensación de no entender lo que pasó o mejor dicho cómo pasó la primera vez, la he vuelto a revivir al escribir estas líneas,... ¿hubiera sido diferente si ya hubiéramos tenido conocimiento de lo que le había pasado antes? La verdad es que no lo creo porque no tengo claro que hubiera alguna señal que nos hubiera podido alertar,... en el segundo caso sí, porque su cambio de actitud y de humor fue claro, pero en el primero,... no sé cómo funciona el cerebro en todo esto pero me da la sensación de que, quizá por el estrés, por la emoción o no sé, en un momento hace "click" y se acabó, ahí te pilla, estés como estés, sin más... y le pilló de vacaciones.

Nuria Bergado Báscones
(compañera de trabajo y amiga)

¡¡CHAPÓ JULIO!!

Soy amiga de Julio desde el año 2013 y voy a tratar de exponer aquí en pocas palabras mis sensaciones junto a él en su proceso de vida.

Quiero comentar que por ese motivo, me envió un breve extracto de su libro, que me emocionó profundamente, al hacerme aún más consciente del sufrimiento, soledad, impotencia e incomprensión que ha tenido que hacer frente en su existencia.

Cómo me conmueve el ímpetu, tesón, entusiasmo, entrega y confianza que pone en todos sus proyectos, y especialmente en éste.

No puedo dejar de remarcar la enorme evolución de Julio desde que le conocí. Haciendo un trabajo profundo de auto-observación, ha llegado a percibir los sutiles indicios que preceden a sus crisis. De manera que hace un alto en momentos claves y simplemente da prioridad a lo que necesita, que en ocasiones sólo es parar, descansar, meditar y alimentarse correctamente.

Así llegué a comprender que las rutinas también le ayudan, esas rutinas que a mí, a veces, me parecían exasperantes.

Durante estos años he sido espectadora de alguna de sus crisis, y siempre he sentido que lo que más necesitaba era ser escuchado, ser respetado, mucho cariño y estar tranquilo. Para mi resultaba enternecedor sentirle tan extremadamente sensible.

En el 2015 fui testigo de su cuarto brote psicótico. Regresaba de un largo viaje en tren y fuimos a buscarle a la estación; sabíamos que no estaba bien. Cuando llegamos le vi completamente rígido y paralizado en el andén, incapaz de moverse y responder, por más que le habláramos.

Yo en mi ignorancia, estaba estupefacta, no entendía que no pudiera moverse, sin embargo percibía que Julio lo captaba todo, aunque algo le impedía interactuar.

Posteriormente comprendí que dada su extrema sensibilidad, eran tantos los estímulos que le llegaban que le bloqueaban por completo.

En estas circunstancias mis pensamientos eran:

¿Cómo llevamos a Julio a su casa?

¿Se podrá quedar sólo?

¡Si no se puede mover!

¿Qué podemos hacer para ayudarle?

Lo cierto es que no tenía ni idea, salvo tratarle con cariño, no sabía qué más hacer y eso no parecía suficiente.

Así las cosas acabamos en urgencias. Probablemente no fue la mejor solución (ahora lo sé), puesto que en el hospital los estímulos se incrementaron tremendamente y las medidas coercitivas le provocaron un profundo trauma.

Lo que sí es cierto es que a partir de entonces, a través de su trabajo personal, ha logrado una gran estabilidad, de modo que hoy en día irradia una alegría y bienestar admirables.

¡¡Gracias por tu extraordinario ejemplo Julio!!

María Belén González Galerón

(amiga)

APOYO, AMOR Y COMPRENSIÓN

Conocí a Julio hace aproximadamente 10 años, siempre me pareció una persona comprometida, generosa y llena de energía. Digamos que es esa persona "vitamina" con la que hablas un ratito y te carga la batería al 200%.

Reconozco que cuando Julio me contó su historia en una de sus sesiones de masaje (creo que es un momento de terapia tanto para él como para mí) me sorprendió un poco, pero entonces entendí esa actitud que tiene ante la vida, sus ganas de vivir.

Como familiar de una persona con enfermedad mental creo que es muy importante saber cómo se siente esa persona y creo que gracias a la labor que está realizando Julio con "Rara Avis", tanto a la persona que lo sufre como a los familiares nos puede dar muchas herramientas para poder ayudarles, porque no olvidemos que son enfermos y sobretodo que necesitan de nuestro apoyo, amor y comprensión.

Soy hija de una persona que sufre depresión, ansiedad y a la que diagnosticaron hace relativamente poco

TDAH. Es muy duro ver como tu padre se encierra en la habitación, no quiere salir, apenas habla y se pone una barrera en la que no deja a nadie acceder.

Con el tiempo he aprendido a saber que no es porque tenga algo contra nosotros, sino que es por su enfermedad. Una de las cosas más importantes quizás que hemos podido comprobar, ha sido recurrir a la ayuda de profesionales tanto para él como para la familia.

Antes me avergonzaba decir que iba a terapia con mi padre, porque sentía como que la gente me iba a juzgar o le iba juzgar a él. Pero me parece imprescindible ir a terapia, a mí me ha servido para entender la enfermedad, para saber cómo se sentía él en esos momentos, y otro aspecto que considero fundamental: mi padre entendió cómo nos sentíamos al tener al lado a una persona enferma y no poder ayudarla.

La comunicación fue muy importante, ya que de manera voluntaria en casa no fluía y no surgía. Gracias a las terapias pudimos hablar, comunicarnos y expresarnos.

Hubo un momento crítico, en el que vi que me estaba arrastrando toda la negatividad que vivía en casa, la enfermedad de mi padre y no sabía cómo gestionarlo.

En ese momento me sentía egoísta por tomar esa decisión pero tuve que mirar primero por mí misma, sanarme en cierta forma para poder ayudar a mi padre. Me fui de mi casa, necesité alejarme de la situación y es donde pude tener mi espacio y recolocar todos los sentimientos que en ese momento me estaban perturbando.

Con el tiempo, con el esfuerzo y remando en la misma dirección todo se puede lograr, después de muchos años con temporadas mejores y otras peores, seguimos trabajando en luchar contra la enfermedad mental pero sobretodo gracias a mi padre por dejarse ayudar y por aceptar la enfermedad.

Beatriz C.C.
(esteticista y masajista)

PALABRAS Y MOMENTOS COMPARTIDOS

Conocí a Julio cuando acudió a la asociación como voluntario para llevar a cabo un taller de escritura y... ¡aquí estamos! Sintiendo el honor de participar, de alguna manera, en... ¡¡su libro!!

Energía, mucha energía y ganas serían las palabras que pondría a nuestro primer encuentro, al que siguieron unos cuantos más de manera semanal durante varios años a través de este taller.

Palabras que, a la par que nuestros encuentros, fueron creciendo...

La curiosidad inquieta del niño que empieza a conocer mundo y no quiere perderse nada.

La sinceridad de quien ha sobrevivido a mitos, miedos y estigmas y quiere que su testimonio pueda servir de ayuda.

El compromiso, con el grupo, el colectivo y la sociedad en general.

La "rebeldía" de quien ha sufrido el atropello de derechos y el olvido del trato amable y humano en primera persona, pero también la fuerza de quien no se conforma y compartiendo su vivencia quiere dejar el mundo, al menos, un poco mejor.

La alegría de quien es conocedor de sus límites y cualidades y quiere disfrutar cada segundo, porque sabe que nada es para siempre.

Tuve la suerte de compartir más momentos y charlas fuera del taller pero, en resumen, Julio y su historia no te dejan indiferente y ha sido una suerte haber compartido y coincidido.

María Díez Díez
(compañera de voluntariado)

LA EVOLUCIÓN TAN POSITIVA DE JULIO

Al inicio de la intervención del EPAP, Julio presentaba una inestabilidad que le impedía desarrollar una buena calidad de vida. En la fase de exaltación, presentaba una gran sobreactivación llevando a cabo muchas tareas alterándole el ritmo de sus horarios de sueño, y en la fase depresiva permanecía casi todo el tiempo en cama con muy poca actividad.

Los riesgos de una crisis depresiva eran: el aislamiento, la irascibilidad e irritabilidad, la elevación del tono de voz, pérdida de los hábitos adecuados de alimentación y de sueño y las ideas recurrentes de suicidio. Julio presenta conocimiento de su trastorno, y disponía de ciertas estrategias para impedir una crisis grave que requiriese de un ingreso hospitalario. Pero aun así, las crisis aparecen con mucha frecuencia produciéndole un gran sufrimiento impidiéndole llevar a cabo sus propósitos.

Según avanzaban las sesiones Julio iba mostrando cambios que se apreciaban en lograr mantener una rutina. Llevaba a cabo estrategias para frenar la actividad en los días que se encontraba en la fase maniaca. Realizaba las tareas que se había propuesto sin dedicarlas más tiempo; logrando gestionar la sobreactivación que sentía. Por el contrario, cuando aparecía el estado anímico depresivo, procuraba permanecer en la cama menos tiempo del que habituaba a estar; y cuando lo estaba, intentaba meditar obteniendo un estado de tranquilidad por lo que conseguía activarse. Las ocupaciones que Julio presentaba eran óptimas, siempre mostraba muchos intereses e iniciativas. El gran avance es que aprendió a tramitarlas sin depender de en qué momento personal se encontrase.

Julio manifestaba dificultades en la realización de las tareas del hogar, necesitando apoyo y supervisión por parte de su pareja. Solicitó el servicio de ayuda de comida a domicilio del AYTO. Según iba mostrando mejoría en su estado personal; el progreso en esta área fue notable. Logró aumentar la frecuencia de la limpieza del domicilio disminuyendo la ansiedad que le ocasionaba en el pasado.

Desde el EPAP se aprecia una evolución muy positiva en Julio durante los dos años que duró la intervención.

Ha logrado una estabilidad que le permite llevar su rutina sin que le obstaculicen los síntomas depresivos o maniacos. Ha adquirido unas estrategias que le son muy óptimas para modularse cuando los cambios emocionales son más agresivos y así ha evitado tener alguna crisis. Otro aspecto que cabe destacar que ha influido en su calidad de vida, es haber conseguido un nivel de autoexigencia menos rígido por lo que al mostrar una actitud más flexible ante cualquier situación, su sufrimiento ha disminuido.

Se valora mucho la capacidad de esfuerzo y la motivación que Julio mostró.

Cabe destacar que Julio ha manifestado unas capacidades excelentes para la planificación de su rutina y para llevar a cabo ocupaciones que requieren de una habilidades especiales como la creación de una asociación y la realización del extenso árbol genealógico por ejemplo.

Cecilia González Rodríguez
(Terapeuta Ocupacional)

BONDAD E INTELIGENCIA

Uno de mis mayores sueños desde hace años es escribir un libro, por lo que poder escribir un fragmento en un libro tan especial como este, me hace sentir valorada y llena de orgullo.

Por un lado, me siento orgullosa de Julio, de todo lo que ha superado, de su perseverancia y de su resiliencia, por otro lado, me siento orgullosa de lo que yo también he conseguido y de que me considere lo suficientemente importante como para escribir este pequeño relato.

Le conocí al encontrar su asociación por internet para mandar mi currículum y trabajar como psicóloga. Entonces, me contó su propósito y me propuso realizar un proyecto. Sin duda alguna le dije que sí. Estaba muy ilusionada de poder formar parte de todo ello. Y, aunque a veces me sentía desmotivada, ahí estaba Julio, con su tranquilidad y sus palabras de aliento para ayudarme.

Si tuviera que definir a Julio en dos palabras, sin duda alguna, serían inteligencia y bondad. Es una de esas personas con las que puedes hablar de todo durante horas, sin sentirte incómodo. Además, desde que le conozco, me ha sorprendido su capacidad de superación, sus conocimientos, su forma de hablar, sus ganas de aprender... Es increíble la fuerza de voluntad que tiene y la pasión por la vida, así como la ilusión que pone en todo lo que hace.

Considero que definir a alguien es limitarle, por eso no quiero que estas palabras se queden en una mera limitación de su persona. Sin duda alguna, he aprendido muchas cosas de él, de su constancia, de su esfuerzo y de su curiosidad por el mundo. Su mente nunca para y, aunque sólo le conozco desde hace poco más de tres años, me he dado cuenta de que es una de esas personas que es necesario tener en tu vida. Siempre dispuesto a ayudar, siempre dispuesto a sacar un rato, siempre dispuesto a hacerte sentir bien.

Asimismo, me gustaría destacar que, gracias a él, he aprendido lo bonitas que son las relaciones intergeneracionales. Además, algo que nunca le he dicho, es que, para mí, a término personal, es un referente masculino.

También creo que dice mucho de él y de su valentía el hecho de abrirse en canal y contar su experiencia de vida en este maravilloso, y a la vez duro, libro, mostrando su parte más humana y humilde, rasgos que le caracterizan.

La vida no es fácil e incluso es injusta, pero personas como Julio nos enseñan a cómo superar los diferentes obstáculos por grandes que sean. Gracias Julio.

Carlota Carolina Gómez Bayona
(psicóloga sanitaria)

UNA GRAN INSPIRACIÓN PARA EL CAMBIO

No sé si soy la persona más indicada para hablar sobre Julio, pero me siento enormemente afortunada y alagada porque él me lo haya solicitado.

Yo conozco a Julio desde octubre de 2020, creo que no soy la persona que tenga más información sobre su proceso vital, más bien, puedo contar mi experiencia al conocer a la persona en la que se ha convertido, o más bien, en la que se está convirtiendo.

El primer día que hablamos, me llamó para darme a conocer una asociación a la cual pertenecía, pensé que era "raro". Su entusiasmo, su forma de hablar, su energía, no me dejó indiferente.

No es fácil, hoy en día, encontrar personas tan abiertas y transparentes, tan positivas, tan conscientes, tan productivas, con tanta alegría y ganas de vivir, de comerse el mundo, de sentir cada momento, cada rayo de sol, cada sonrisa, cada anécdota, cada canción, cada frase...

Julio, ha pasado por momentos muy duros en su vida, pero con una resiliencia ejemplar ha sabido llevar a cabo un desarrollo personal exponencial y aprovechar lo que la vida le ha dado para poder ayudar a otras personas a ser más conscientes de su propio potencial, más positivas y empoderadoras.

Por supuesto, aunque la parte dura del proceso de Julio ha sido un viaje interior largo y complicado hasta llegar a su autoconocimiento, también, como se lee en este libro, ha tenido el apoyo de algunas personas, que han podido inspirar o dar alguna idea que haya podido propiciar todo este cambio. Siempre dispuesto a escuchar y aprender de todas las personas y de todas las experiencias.

En mi caso, ha sido al revés, para mí, en cada WhatsApp, en cada conversación, con un enlace a un video, con una fotografía, con una frase, con unas palabras de ánimo o con un reflejo de la verdad que yo no quería ver, ha sido y es una gran inspiración todos los días y un gran apoyo.

María Suárez Martínez
(amiga, alumna de Julio y Trabajadora Social)

JULIO, UN DESCUBRIMIENTO DE PERSONA

Es de ese tipo de gente con quien te sientes mucho mejor, porque ofrece una energía y una frecuencia muy positiva, la cual solo suma y aporta valor en tu vida.

Por ello, me siento afortunado de conocer a Julio, y por eso no pierdo la oportunidad de reunirme con él y conversar de diferentes temas, los cuales contribuyen a mejorar todos los aspectos de nuestra vida, para conseguir finalmente una paz mental, o por lo menos estar de la mejor forma posible, dentro de las circunstancias tan negativas que nos rodean.

Además, sabiendo cuál ha sido su historia y la capacidad de resiliencia que tiene, dadas sus anteriores circunstancias personales, se convierte en un referente a tener en cuenta, que nos recuerda que de todo se sale, teniendo la actitud adecuada.

Es un digno ejemplo de cómo salir adelante cuando parece que todo está perdido, y por todo ello le agradezco que ponga en conocimiento a través de este libro toda su experiencia, para que siga ayudando a personas que lo necesiten.

Gracias Julio.

Rubén Galerón Santamaría
(amigo, alumno de Julio y CEO Community Global.es)

VOLVER

Un día todo encaja. Julio se dio cuenta de lo que es importante y de lo que no. Se dio cuenta de lo lejos que había llegado y recordaba cuando creía que las cosas iban tan mal que nunca se recuperaría.

Y hoy en día sonríe. Porque está orgulloso de la persona en la que se ha convertido. Una persona llena de fuerza y resiliencia y con unas gigantes ganas de trasmitir y ayudar a los demás.

Julio adivina el parpadeo de las luces que a lo lejos van marcando su retorno.

Son las mismas que alumbraron con sus pálidos reflejos hondas horas de dolor.

Sandra Antón del Amo
(amiga y alumna de Julio)

LAS COSAS NO SON SIEMPRE LO QUE PARECEN

Suelo detestar las frases tan trilladas, los topicazos, pero en ocasiones describen deslumbrantemente bien la realidad. Es exactamente lo que me ocurrió con Julio. Lo conocí hace poco más de medio año, en clase de inglés. Extrovertido, siempre sonriente y con buenas palabras para los demás. Nunca me hubiera imaginado la pesada mochila que cargabas.

Es cierto que yo solo puedo hablar del Julio actual, no de los pasados. El Julio que conozco es una persona fácil de trato, siempre participativo y lanzado, e intentando transmitir esas mismas ganas a los demás. Ilusionado al hablar de su trabajo, pero también de sus estudios a pesar de no ejercer actualmente de ello.

No me lo esperaba. Como pedagoga estoy familiarizada con los problemas psicológicos, y aun así me vino de sopetón. Todos vivimos ajenos a esto, hasta que nos toca a nosotros mismos o a alguien cercano. Por ello, creo que todos tenemos una cuenta pendiente: poner cierto esfuerzo en informarnos y tomar conciencia de esta realidad.

Me gustaría aprovechar este espacio para destacar la importancia de los factores de protección, aquellos que pueden evitar que una persona desarrolle un problema psicológico a pesar de su predisposición genética. Tener una red de apoyos y vínculos sanos nos puede salvar de sufrir una crisis o una recaída. Simplemente tener unos compañeros de clase con los que te sientas cómodo (todo lo cómodo que te puedes sentir aprendiendo un idioma), e incluso puedas irte a echar unas cervezas después.

También considero muy importante no dejar toda nuestra estabilidad emocional en manos de una sola persona. Sería como estar colgado de una cuerda sobre un precipicio. Si esa persona se marcha de nuestra vida, si esa cuerda se rompe, lo más seguro es que caigamos. Sin embargo, si tenemos diferentes cuerdas, aunque una se rompa, las demás evitarán que nos precipitemos al vacío. Probablemente sintamos que nos tambaleamos y perdamos el equilibrio, pero el resto de cuerdas se encargarán de que nos mantengamos en el aire.

Con nosotros mismos también tenemos un papel, y es reconocer que no somos autosuficientes, que somos seres sociales, vulnerables y dependientes. Y no es malo, simplemente es la realidad. Todos experimentamos emociones desagradables. Todos necesitamos vínculos, apoyo, o simplemente ser escuchados. Y en ocasiones, también necesitamos ayuda.

Para terminar, darte las gracias por contar conmigo para algo tan importante para ti y desearte lo mejor en este nuevo viaje. Se nota que no quieres pasar por la vida como un mero espectador, y me consta que lo estás consiguiendo. Encantada de haber coincidido contigo.

Victoria Alonso Antón
(pedagoga y compañera de clase)

LOS IDIOMAS, UNA LUZ AL FINAL DEL TÚNEL

Mi alumno Julio Balbás, me ha pedido este testimonio que con mucho gusto comparto.

Primero decir que, a lo largo de este curso, me fije en él como un alumno con actitud muy positiva, mucho interés en aprender de todo y como una persona que aporta mucho al grupo, aparte de ser un alumno trabajador y muy empático.

A lo largo de toda mi vida laboral-profesional, he tenido alumnos con distintos problemas mentales y mi experiencia ha sido muy positiva en general. ¿Por qué? Como alumnos aportan mucho al grupo y a su vez ellos mismos obtienen muchos beneficios. Al venir a clase se relacionan con otros compañeros, se ayudan, comparten experiencias, hacen amigos, aprenden que el esfuerzo merece la pena. Aprenden a gestionar la ansiedad especialmente en época de exámenes, que las cosas cuestan y sobre todo que cada uno tiene un ritmo de aprendizaje distinto y no hay que compararse con nadie. Cada uno es único.

En definitiva, aprender idiomas es un reto maravilloso. ¡En este maravilloso camino, se aprende mucho a trabajar la autoestima y gestionar distintas emociones! Julio Balbás es un perfecto ejemplo de todo lo anterior relatado.

Mónica Ortiz
(Profesora de la EOI BURGOS)

HACER DE ESTE MUNDO UN LUGAR MEJOR

Julio es un gran descubrimiento, un hombre de los que escasean resurgido de sus propias cenizas.

Cuando conecté de forma casual con la Asociación Horizonte Intergeneracional (AHI) que él preside, supe que detrás de este proyecto tenía que haber alguien peculiar, una de esas personas que conoce la esencia y lo que realmente es importante en nuestra existencia.

Después de conocer un poco su intensa vida, le veo como una víctima de un sistema al que es comprensible que una persona sensible y de buen corazón no pueda adaptarse. Es difícil integrarse en una sociedad profundamente enferma, donde los valores que predominan nos alejan de nuestro conocimiento interior y es un verdadero reto encontrar el camino hacia la ansiada felicidad.

Julio es una de esas personas capaz de romper con lo establecido con tal de hacer de este mundo un lugar mejor y un paraíso terrenal.

A mi modo de ver este bicho raro se encuentra en el inicio de su renacimiento y ahora está en ese momento en el que van a empezar a florecer los más bellos frutos del trabajo que realiza, con total perseverancia y mucho Amor.

¡Muchas gracias Julio!

Enrique de la Cuesta Camino
(economista, amigo y alumno de Julio)

¿DOLOR FÍSICO O MENTAL?

Conocí a Julio el 15 de enero del 2024, vino a la consulta por una lesión que llevaba arrastrando en el hombro desde hacía años. Semana a semana nos fuimos conociendo y fuimos aprendiendo el uno del otro.

Julio me contaba su proyecto sobre Rara Avis, y yo le explicaba acerca de la importancia de la concienciación sobre mantener una buena postura y realizar los ejercicios. Siempre se ha interesado mucho en lo referente a la anatomía en la consulta, qué tratamientos realizábamos cada día, cuáles eran los objetivos, qué sensaciones se notan con cada estiramiento o movilización...

Una de las cosas que más le sorprendían a Julio fue darse cuenta de la importancia y la gran relación que tienen las lesiones físicas y las mentales, la una puede afectar en gran manera a la otra e igual en sentido contrario, de modo que muchos días, después de la sesión, aparte de notar malestar post tratamiento, sentía que a nivel mental también estaba liberándose, experimentando a veces bajones emocionales debido a esa descarga física.

Tratar un dolor que lleva con nosotros mucho tiempo puede llevarnos a recordar la época cuando comenzó dicha molestia, qué vivencias teníamos en ese momento, cómo estábamos anímicamente... Es por ello que así como un "dolor mental" se nos puede quedar atravesado y que nos cueste recuperarnos de ello, con un dolor físico pasaría igual, de manera que la mejor solución es poder tratar los dos a la vez, ya que tratar la salud mental nos va ayudar con el dolor físico y viceversa.

Alicia Arnaiz García-Morato

(fisioterapeuta de Julio)

CRONOLOGÍA DE UNA AMISTAD

Últimos días de Octubre, como cada día salgo a caminar (uno de mis placeres) por el Parque de Fuentes Blancas.

Por estas fechas las temperaturas en Burgos suelen ser fresquitas, algo agradable para mi paseo.

Llegando a la altura del camping por la pista del río, me llama la atención algo que considero inusual.

Una persona totalmente desnuda se cruza conmigo

en el paseo, va corriendo al trote. Tanto otros viandantes como yo, nos quedamos sorprendidos y seguimos nuestros caminos.

Mis primeras impresiones fueron confusas. No sabía que pensar. ¿Un exhibicionista? ¿Una persona con problemas? ¿Alguien que huye de algo? En fin, una confusión mental absoluta.

Ante esta situación decido darme la vuelta antes de lo acostumbrado, por ver si sucedía algo extraño. Y así fue.

Al llegar a la altura de la playa, vi a esta persona metida en el agua, en medio del río.

En el transcurso de este tiempo, algún ciudadano más diligente que yo debió llamar a los Servicios de Emergencias, pues cuando llegué a la playa ya había una patrulla de Policía pidiéndole que saliese. Debió cogerles miedo, pues cada vez se metía más adentro.

Llegado a este punto mi percepción del asunto cambió radicalmente. Se trataba de una persona con problemas que necesitaba ayuda.

Este fue mi primer contacto con Julio.

Viendo que se alejaba de esta orilla y se dirigía hacia la otra, opté por cruzar el río por la pasarela que hay más abajo de las vías del tren, dirigiéndome al espigón de hormigón de la otra orilla.

Con espíritu constructivo y ganas de ayudar, conseguimos inspirarle, ayudarle a salir y calmarle.

Digo "conseguimos" porque llegados a este punto ya nos encontrábamos en el lugar otra patrulla de Policía, y a los pocos minutos llegaron Bomberos y Ambulancias, lo que hizo las cosas más fáciles.

Con el tema resuelto y en manos de los sanitarios, me volví a casa reflexionando sobre lo ocurrido, con la tranquilidad y serenidad de haber ayudado a una persona necesitada en ese momento.

Llegado a mi casa comenté el asunto con mi mujer, le dimos varias vueltas, barajando conjeturas y ahí quedó la cosa.

Después he sabido que Julio ha intentado en varias ocasiones localizarme, con el fin de agradecerme la colaboración sin conseguirlo.

Así han transcurrido veintitrés años, sin saber el uno del otro. Él con su calvario diario, yo en la ignorancia más absoluta del asunto.

Pero su insistencia y perseverancia dieron sus frutos.

A través de terceras personas consiguió localizarme. Me contaron que había escrito un libro, que haría su presentación y que le encantaría que yo asistiera para conocerme y darme las gracias en persona.

No pude negarme y acudí a la presentación. Éramos dos desconocidos, pero al presentarme ambos sentimos una gran emoción, nos dimos un fuerte y largo abrazo y cada uno comenzamos a gestionar nuestras emociones.

Acabado el bullicio de la presentación hablamos un momento y quedamos en vernos.

Me llevé su libro dedicado y me lo leí en tres días.

Ahí pude ver todos los obstáculos que la vida le ha puesto en su camino.

Leyendo el libro, he descubierto que compartimos varias experiencias. Asumo muchas de sus reflexiones y me doy cuenta de que hay que ser muy valiente para gestionarlas con acierto y salir adelante.

Mi percepción sobre estos temas está cambiando. Empiezo a ser consciente de lo tenaz y perseverante que hay que ser para salir airoso y entiendo la necesidad de cariño y afecto. Toda la ayuda que pueda ofrecerle es poca.

Pasados unos días, Julio se puso en contacto conmigo, quedamos en una cafetería y ahí comencé a conocer a Julio de verdad.

Hablamos de todo, nos sinceramos sin dejarnos nada en el tintero ninguno de los dos.

Por mi parte descubrí lo dura que ha sido su vida, lo valiente que ha sido y me ha hecho (como no podía ser de otra forma) ofrecerle mi cariño, mis afectos y mi amistad más sincera.

Nos volveremos a ver, hablaremos y compartiremos experiencias tantas veces como sea necesario.

Julio, para mí eres un héroe.

Cuentas con mi afecto y amistad, si tú quieres, claro.

"Apolo"

Glosario

Abulia: Es un concepto que se refiere a la falta de voluntad o energía para hacer algo o para moverse.

AEN-PSM: Asociación Española de Neuropsiquiatría – Profesionales de la Salud Mental.

Alteración del estado de conciencia: Se refiere a cambios en la percepción, la atención, el pensamiento y la conciencia que pueden ocurrir como resultado de diversos factores que pueden afectar la forma en que una persona experimenta y comprende el mundo a su alrededor. Algunos estados se caracterizan por una disminución en la conciencia y la capacidad cognitiva, pudiendo experimentar cambios en la percepción, la memoria y la identidad, lo que puede afectar la experiencia de la realidad.

Amnesia: Pérdida o debilidad notable de la memoria.

Anclaje: Es un proceso cognitivo en el que una referencia inicial, ya sea un número, una idea o cualquier otro estímulo, influye en los juicios y decisiones posteriores de una persona. El anclaje actúa como un punto de referencia o punto de partida que influye en la forma en que procesamos la información y tomamos decisiones.

Anhedonia: Es la incapacidad para experimentar placer, la pérdida de interés o satisfacción en casi todas las actividades de la vida con las que antes solías disfrutar.

Ansiedad: Estado de agitación, inquietud o zozobra del ánimo. Angustia que suele acompañar a muchas enfermedades, en particular a ciertas neurosis, y que no permite sosiego a los enfermos. Es una respuesta natural y común ante situaciones percibidas como amenazantes o estresantes.

Ansiedad psíquica: Es la forma extrema de la inquietud psicomotriz o hiperactividad, caracterizada por el aumento de los movimientos no dirigidos a la consecución de un fin determinado.

Ansiolítico: Que disminuye o calma la ansiedad.

Apatía: Dejadez, indolencia, falta de vigor o energía.

Astenia: Se refiere a un estado de debilidad generalizada o falta de energía que puede manifestarse como una sensación de fatiga, cansancio o agotamiento.

Atención centrada en el paciente: Es un enfoque de atención médica que coloca al paciente en el centro de su propio cuidado y lo considera como un socio activo en la toma de decisiones relacionadas con su salud. Se basa en reconocer y respetar la autonomía, las preferencias y los valores del paciente, y busca promover una relación colaborativa entre el paciente y el profesional de la salud.

Autointoxicación medicamentosa: También conocida como intoxicación autoinducida o intoxicación voluntaria, se refiere al acto deliberado de una persona de tomar una cantidad excesiva de medicamentos con el propósito de causar daño a sí misma o de buscar un efecto psicoactivo.

Bloqueos de pensamiento: También conocidos como bloqueos mentales o bloqueos cognitivos, se refieren a la incapacidad temporal o dificultad para acceder a la información o generar ideas de manera fluida. Es un fenómeno en el cual una persona experimenta una interrupción en su capacidad de pensar, recordar o expresar sus pensamientos de manera clara y coherente.

Brote psicótico: Se refiere a un período de tiempo durante el cual una persona experimenta síntomas psicóticos intensos o agudos. La psicosis es un término que describe una serie de síntomas que afectan la forma en que una persona piensa, percibe y se relaciona con la realidad.

Bullying: Es un comportamiento agresivo y repetitivo que ocurre entre personas, especialmente en contextos escolares, donde existe un desequilibrio de poder. Se caracteriza por el uso intencional de la violencia física, verbal o psicológica para intimidar, humillar o someter a otra persona.

CETME (chopo): Fusil que puede disparar indistintamente balas aisladas o ráfagas. Centro de Estudios Técnicos de Materiales Especiales (cuyo acrónimo da nombre al fusil).

CJH: Club Juvenil Horizonte (Burgos).

Clinofilia: Es una patología producida por un deseo excesivo de permanecer en la cama a todas horas, sin que haya una justificación orgánica para ello.

Dependencia emocional: Se refiere a un patrón de comportamiento en el cual una persona se vuelve excesivamente dependiente de otra para satisfacer sus necesidades emocionales, sentirse completo/a y obtener su sentido de autoestima.

Detonantes / Desencadenantes: Se refieren a los eventos, situaciones o estímulos que desencadenan la aparición de síntomas o problemas de salud mental en una persona. Son la "antesala" de cualquier crisis, por eso es crucial prestarles atención con antelación.

DGT: Dirección General de Tráfico.

Desescalada verbal: La desescalada verbal en un ingreso psiquiátrico es un enfoque utilizado para manejar situaciones de crisis o conflictos verbales en un entorno clínico. Se centra en la comunicación efectiva y la reducción de la tensión emocional entre el personal de salud y los pacientes.

Despertar precoz: También conocido como despertar temprano, se refiere a despertarse de forma involuntaria y prematura durante la noche o en las primeras horas de la mañana, sin poder volver a conciliar el sueño.

Distonía mandibular aguda: También conocida como distonía oromandibular aguda, es un trastorno neuromuscular caracterizado por contracciones involuntarias y sostenidas de los músculos de la mandíbula y la cara. Puede aparecer de forma repentina y puede ser muy dolorosa y debilitante.

Distorsión cognitiva: Se refiere a la malinterpretación errónea y desadaptativa que podemos sufrir a la hora de procesar la información. Por ejemplo, las personas que padecen depresión suelen experimentar distorsiones cognitivas en las que su autoconcepto se ve afectado de manera reiterada.

Distorsión de la realidad: Se refiere a una alteración o deformación en la forma en que percibimos, interpretamos y comprendemos el mundo que nos rodea.

DJ: Disc-Jockey.

DSM-5: Diagnostic and Statistical Manual of Mental Disorders (Manual Diagnóstico y Estadístico de los Trastornos Mentales - Quinta edición).

EBH: Experiencia Basada en Hechos.

ECV: Etapa/s del Ciclo Vital.

Educación Emocional: Es un proceso de aprendizaje destinado a desarrollar habilidades y competencias relacionadas con la comprensión, expresión y regulación de las emociones.

EGB: Educación General Básica.

Embotamiento afectivo: También conocido como aplanamiento afectivo o restricción afectiva, se refiere a una reducción o disminución significativa en la expresión y experiencia de las emociones en una persona.

EOI: Escuela Oficial de Idiomas.

EPAP: Equipo para la Promoción de la Autonomía Personal.

Estado catatónico: Es un trastorno psicopatológico caracterizado por una marcada disminución o ausencia de la capacidad de movimiento voluntario y una reducción en la capacidad de responder activamente al entorno.

Estado de euforia: Se refiere a una intensa sensación de felicidad, excitación y bienestar. Es una experiencia emocional positiva y elevada en la que una persona se siente llena de energía y con un estado de ánimo extremadamente elevado.

Estigmatización: Se refiere a la acción de etiquetar, estereotipar o discriminar a individuos o grupos en base a características personales o sociales percibidas como diferentes o desviadas.

Estrés laboral: Se refiere a la respuesta física y emocional negativa que experimenta una persona como resultado de las demandas excesivas o desafiantes en su entorno de trabajo. El estrés laboral puede ser causado por diversos factores, como la carga de trabajo excesiva, la presión por cumplir plazos, la falta de control sobre las tareas, los conflictos interpersonales, el acoso laboral, la falta de apoyo por parte de los superiores o compañeros, la inseguridad laboral, entre otros. Es fundamental que los empleadores también asuman la responsabilidad de crear un entorno de trabajo saludable, implementando medidas de prevención y promoviendo el equilibrio entre el trabajo y la vida personal de sus empleados.

FCT: Formación en Centros de Trabajo.

FP: Formación Profesional.

FTF: Fichas Técnicas de Fabricación.

GEM: Grupo Escénico Musical.

GH: Gran Hermano.

HUBU: Hospital Universitario de Burgos.

Huellas emocionales: También conocidas como memorias emocionales, se refieren a las impresiones duraderas que las experiencias emocionales dejan en nuestra mente y en nuestro cuerpo. Son recuerdos emocionales almacenados en nuestro sistema nervioso y pueden tener un impacto significativo en nuestra respuesta emocional y comportamiento futuro.

Ideaciones suicidas: Se refieren a pensamientos persistentes, recurrentes y premeditados acerca de querer causarse daño a uno mismo o acabar con la propia vida. Estas ideas pueden variar en intensidad, desde pensamientos vagos y pasajeros hasta planes detallados y específicos sobre cómo llevar a cabo el acto suicida. Las ideaciones suicidas son un indicador de un profundo sufrimiento emocional.

Ideas expansivas: Se refieren a pensamientos o ideas que tienen una calidad de expansión, amplitud o grandiosidad. Son ideas que tienden a ser expansivas en términos de contenido y alcance, y a menudo involucran una visión exagerada o desproporcionadamente optimista de uno mismo, del mundo o de las posibilidades futuras.

Ideas pueriles: Son pensamientos o ideas que se caracterizan por ser infantiles, inmaduras o simples en su naturaleza. Se refieren a conceptos o proposiciones que carecen de profundidad, madurez o sofisticación.

IES: Instituto de Educación Secundaria.

INE: Instituto Nacional de Estadística.

Insomnio de mantenimiento: También conocido como insomnio de sueño fragmentado, se refiere a un trastorno del sueño en el cual una persona tiene dificultades para mantener el sueño durante toda la noche. A diferencia del insomnio de inicio, que implica dificultades para conciliar el sueño al principio de la noche, el insomnio de mantenimiento se caracteriza por despertares frecuentes o prolongados durante la noche, lo que interrumpe el sueño continuo y provoca dificultades para volver a dormirse.

Intento autolítico: Se refiere a un acto en el cual una persona intenta quitarse la vida, también conocido como intento de suicidio.

Inyección intramuscular: Es una técnica de administración de medicamentos en la cual se inyecta el medicamento directamente en el tejido muscular. Este método se utiliza cuando se requiere una absorción más rápida y efectiva del medicamento en comparación con otras vías de administración, como la oral (por boca) o la subcutánea (bajo la piel).

Labilidad afectiva: Se refiere a la tendencia de una persona a experimentar cambios rápidos y extremos en su estado de ánimo. Se caracteriza por la fluctuación intensa y frecuente de las emociones, con cambios bruscos que pueden ocurrir sin una razón aparente o en respuesta a estímulos emocionales mínimos.

Lavado gástrico: También conocido como lavado o vaciado del estómago, es un procedimiento médico en el cual se inserta una sonda de lavado a través de la boca o la nariz y se avanza hasta el estómago para eliminar el contenido del estómago.

Lenguaje expansivo y desorganizado: Se puede asociar a la expresión de pensamientos o ideas de una manera desordenada, confusa o poco estructurada en el discurso de una persona.

Mecanismos de defensa: Son estrategias psicológicas inconscientes que utiliza una persona para protegerse de situaciones o pensamientos que considera amenazantes o perturbadores para su equilibrio emocional.

Medidas coercitivas: Son acciones o intervenciones que se aplican para forzar o ejercer control sobre una persona o grupo de personas, incluso en contra de su voluntad. Pueden implicar restricciones o limitaciones de su autonomía y libertad personal. Estas medidas se aplican con el fin de garantizar la seguridad del paciente o de otras personas, o para asegurar el cumplimiento del tratamiento recomendado. Las medidas coercitivas más comunes incluyen: hospitalización involuntaria, restricción y contención física y mecánica, medicación forzada, aislamiento o reclusión, terapia electroconvulsiva (TEC) forzada, etc.

Montaña rusa emocional: La expresión se utiliza para describir un estado de ánimo o experiencia emocional caracterizado por cambios rápidos e intensos, similares a los altibajos experimentados en una montaña rusa. Es decir, se refiere a pasar de emociones extremadamente positivas a emociones extremadamente negativas en un corto período de tiempo.

Neuroléptico: Que ejerce una acción calmante sobre el sistema nervioso.

PAS: Persona Altamente Sensible.

PFC: Proyecto Fin de Ciclo.

Pico de estímulos (sobrecarga sensorial): Tener un pico de estímulos significa experimentar un aumento repentino y significativo en la cantidad de estímulos sensoriales o situacionales a los que una persona está expuesta. Cuando hay un pico de estímulos, puede haber una sobrecarga sensorial, lo que significa que los sentidos de una persona se ven abrumados por una gran cantidad de información proveniente del entorno. Por ejemplo, estar en un entorno ruidoso y caótico, con luces brillantes, olores intensos y una gran cantidad de personas hablando al mismo tiempo puede generar una sobrecarga sensorial.

Psicofármacos: Medicamentos que actúan sobre la actividad mental. Diseñados específicamente para el tratamiento de trastornos mentales y trastornos emocionales. Estos fármacos actúan sobre el sistema nervioso central para modificar la química cerebral y regular los desequilibrios químicos que pueden contribuir a los síntomas de los trastornos mentales. Algunos de los tipos más comunes de psicofármacos incluyen: antidepresivos, ansiolíticos, estabilizadores del estado de ánimo y antipsicóticos.

Realidad paralela: En ocasiones se puede hacer referencia a realidades paralelas en un sentido metafórico o simbólico para describir experiencias subjetivas o estados mentales que difieren significativamente de la realidad objetiva o consensuada.

Resiliencia: Capacidad de adaptación de un ser vivo frente a un agente perturbador o un estado o situación adversos. Tener la capacidad de adaptarse, recuperarse y superar de manera positiva situaciones difíciles, adversidades, traumas o estrés, aprender de los fracasos y encontrar oportunidades de crecimiento personal.

Rumiación mental: Se refiere a un patrón de pensamiento repetitivo y persistente en el cual una persona se enfrasca en pensamientos negativos, preocupaciones o eventos pasados, sin poder encontrar una solución o llegar a una conclusión satisfactoria. Es como si la mente estuviera atrapada en un ciclo de pensamientos negativos y obsesivos.

Sensación de ahogo: También conocida como disnea, es una experiencia subjetiva en la que una persona experimenta dificultad para respirar o una sensación de falta de aire. Puede manifestarse como una sensación de opresión en el pecho, dificultad para inhalar o exhalar completamente, sensación de no poder obtener suficiente aire o una sensación de estar sofocado.

Sensación de vacío: Se refiere a una experiencia emocional en la que una persona experimenta una falta de significado, satisfacción o conexión emocional en su vida. Es una sensación de carencia o ausencia de emociones positivas o de sentido en el día a día, que puede manifestarse como un sentimiento de hueco o vacío interior.

Síndrome ansioso-depresivo [1] [1991]: También conocido como trastorno ansioso-depresivo o comorbilidad ansiedad-depresión, se refiere a la presencia simultánea de síntomas de ansiedad y depresión en una persona.

Síndrome depresivo [6] [2012]: También denominado "trastorno depresivo" o "depresión", se caracteriza por una tristeza de una intensidad o una duración suficiente como para interferir en la funcionalidad y, en ocasiones, por una disminución del interés o del placer despertado por las actividades.

Sobreactivación (sobreestimulación): También conocida como hiperactivación o sobreexcitación, se refiere a un estado en el cual el sistema nervioso se encuentra en un nivel de activación elevado, lo que resulta en una respuesta excesiva frente a estímulos o situaciones que normalmente no serían consideradas amenazantes o estresantes. Este estado de sobreactivación puede ser desencadenado por diversos factores, como situaciones estresantes, eventos traumáticos, preocupaciones intensas, falta de sueño adecuado, consumo excesivo de cafeína o estimulantes, trastornos de ansiedad o trastornos del estado de ánimo.

Sufrimiento psíquico: Se refiere al dolor emocional, psicológico o mental que experimenta una persona. Es una angustia interna que puede resultar de diversas causas y puede manifestarse de diferentes maneras en cada individuo. El sufrimiento psíquico puede ser el resultado de trastornos mentales, dificultades emocionales, eventos traumáticos, conflictos internos o desafíos en la vida cotidiana.

Terapia de descarga y desahogo: Es un enfoque terapéutico que se centra en permitir que una persona exprese y libere emociones acumuladas, tensiones o angustias a través de la verbalización, la escritura terapéutica, expresión artística o la expresión física de sus sentimientos.

Transición vital: Se refiere a un período de cambio significativo en la vida de una persona que implica una reestructuración importante en diversos aspectos, como las relaciones, el entorno, el sentido de identidad y las responsabilidades.

Trastorno Adaptativo con Síntomas Emocionales Mixtos [2][1991]: También conocido como Trastorno de Adaptación con Estado de Ánimo Mixto, es un trastorno psicológico que se caracteriza por la presencia de síntomas emocionales diversos en respuesta a un factor estresante identificable. Estos síntomas pueden incluir síntomas depresivos y síntomas de ansiedad en combinación, lo que lleva a un estado de ánimo mixto.

Trastorno bipolar, episodio maníaco [5][2010] / **Trastorno bipolar, episodio maníaco con síntomas psicóticos** [7] [2015]: Es un trastorno mental crónico que se caracteriza por cambios extremos y fluctuantes en el estado de ánimo. El episodio maníaco es uno de los dos polos del trastorno bipolar, siendo el otro el episodio depresivo.

Durante un episodio maníaco, una persona experimenta un período prolongado de elevación del estado de ánimo y una intensa energía o excitación.

Cuando se menciona "episodio maníaco con síntomas psicóticos", se está haciendo referencia a un tipo específico de episodio maníaco en el que la persona también experimenta síntomas psicóticos. Los síntomas psicóticos incluyen alucinaciones (percepciones sensoriales falsas, como escuchar voces o ver cosas que no están presentes) y delirios (creencias falsas e irracionales que no se pueden cambiar mediante la lógica o la persuasión).

Trastorno de la personalidad (Trastorno psicótico breve) [4] [2007]: Se refiere a un patrón duradero e inflexible de pensamientos, emociones y comportamientos que difieren significativamente de las expectativas culturales y que causan dificultades en el funcionamiento personal y social de una persona.

Trastorno esquizoafectivo, ep. depresivo actual [8] [2017]: El trastorno esquizoafectivo es una enfermedad mental que combina características del trastorno esquizofrénico y del trastorno del estado de ánimo, como la depresión o la manía.

Trastorno esquizoafectivo y trastorno esquizotípico de la personalidad [9] [2018]: El trastorno esquizoafectivo es una condición de salud mental que combina características de la esquizofrenia y trastornos del estado de ánimo, como la depresión o la manía, mientras que el trastorno esquizotípico de la personalidad es un trastorno de la personalidad que presenta patrones de pensamiento y comportamiento inusuales sin episodios maníacos o depresivos significativos.

El primero involucra síntomas psicóticos y afectivos, mientras que el segundo se centra en patrones excéntricos de pensamiento y relaciones sociales.

Trastorno psicótico breve sin desencadenante grave [3] [2001]: También conocido como trastorno psicótico breve o psicosis breve, es un trastorno mental caracterizado por la presencia de síntomas psicóticos de duración limitada y la ausencia de un desencadenante importante.

Aunque la duración del trastorno psicótico breve es corta, generalmente se caracteriza por una intensidad significativa de los síntomas durante el período de tiempo en que ocurre. Puede afectar la capacidad de la persona para funcionar en su vida diaria y puede generar angustia emocional.

La causa exacta del trastorno psicótico breve sin desencadenante grave no se conoce con certeza, pero se cree que puede estar relacionado con factores genéticos, bioquímicos y ambientales. Algunos estudios sugieren que el estrés y la falta de sueño pueden desempeñar un papel desencadenante en algunos casos.

Traumas del pasado: Se refieren a experiencias difíciles y perturbadoras que una persona ha vivido en un momento anterior de su vida y que continúan teniendo un impacto significativo en su bienestar emocional y psicológico en el presente.

TV: Televisión.

USM: Unidad de Salud Mental.

Agradecimientos

Quisiera terminar agradeciendo la realización de este libro sobre todo a toda mi Familia, por su apoyo incondicional en todo momento, paciencia, ánimo y fortaleza en los momentos más difíciles, desafíos, retos y desvelos encontrados en este camino.

A mis Ancestros, porque sin ellos no estaría vivo, sabiendo que lo hicieron lo mejor que sabían y podían con los recursos que tenían.

Mencionar también el apoyo y Amor mostrado por mis amigos, que siempre han creído en mí y en el hecho de ver que iba a ser capaz de conseguir los retos que me propusiera, dándome ánimo, comprensión y mucho cariño en los momentos más cruciales de todo este proceso de aprendizaje y crecimiento personal.

Mostrar especial atención también a mis Guías, Maestros y Profesores, pues gracias a ellos he podido adquirir los conocimientos necesarios para saber expresar y transmitir de la forma más adecuada mi experiencia. Su energía, luz, apoyo, consejos y paciencia me han ido mostrando el camino a seguir para poder desarrollar este proceso creativo, dándole un sentido al mismo. Sin olvidarme de mi Inconsciente Creativo y mi Maestro Interior, los principales impulsores y motores de mi vida.

Como no, también agradecer a todos mis compañeros de clase a lo largo de tantos años, pues su alegría, cordialidad y apoyo han hecho posible que estudiar y compartir con ellos cada día haya sido y siga siendo inolvidable.

A mis Compañeras de Vida y Personas Vitamina / Personas Medicina, pues han sido, son y serán las encargadas de acompañar a "mi Alma" con su Energía y Vibración en los momentos clave (los más complicados y felices de mi vida).

A Jesús Cristóbal por el gran trabajo de revisión que ha realizado del libro, ayudándome a centrar mis ideas y concretar más, ser más eficiente con menos. Por haber estado ahí, en todo momento, en los procesos críticos que he podido experimentar mientras escribía el libro, sabiendo sacar siempre una sonrisa a cualquier circunstancia, por muy adversa que fuese. ¡La hemos gozado durante todo el proceso amigo! Jajaja.

A mi querida Lola Fernández Ochoa, a quien tanto aprecio y valoro, sobre todo por el extraordinario trabajo que está realizando a través de la Fundación Blanca. Por haber aceptado la propuesta de realizar el prólogo del libro, algo que me hizo estremecer de la emoción. Estoy seguro que habrá servido de gran apoyo y referencia para aquellas personas que más lo han necesitado.

A Ángel Martín y Mercedes Milá, pioneros en este país en la divulgación y difusión de información sobre Salud y Enfermedad Mental, por haber sido los principales motores para motivarme a escribir y poder aportar así mi pequeño granito de arena, sin temor a desnudarme por completo y hablar sobre mi experiencia personal.

Agradecer también la ayuda incondicional y afectuosa de Caridad, Sandra, Pilar y María, trabajadoras sociales; a

Benito, orientador laboral; al Dr. De Dios, Nuria y Arantxa, psiquiatras; a Xosé Ramón y Mercedes, psicólogos, pues gracias a sus conocimientos prácticos y experiencia profesional han podido orientarme para alcanzar el equilibrio, bienestar y paz interior tan deseada y necesaria.

A mis médicos de cabecera Marta, Ángel y Estrella, por mostrar tanto cariño y comprensión en los momentos que más lo necesitaba.

Al bombero que me ayudó a salir de la Playa de Fuente Prior en Burgos, tras sufrir mi primer brote psicótico.

Especial agradecimiento a mi hermano mayor José María B.C., a Luis Antonio P.M., a Rafael D-L.G., a María José C.C., a Jesús C., a Nuria B.B., a María Belén G.G., a Beatriz C.C., a María D.D., a Cecilia G.R., a Carlota Carolina G.B., a María S.M., a Rubén G.S., a Sandra A.A., a Victoria A.A., a Mónica O., a Enrique de la C.C., a Alicia A.G-M y a "Apolo" por sus inspiradores testimonios, que estoy seguro servirán de referencia a aquellas personas que los lean.

A Daniel Goleman, Mario Alonso Puig, Nazareth Castellanos, Marian Rojas Estapé y Elaine N. Aron, porque gracias a ellos/as he podido conocer con más detalle cómo funcionan los mecanismos en nuestra mente y emociones. A Marcos Vázquez (Fitness Revolucionario) por su gran experiencia, sabiduría y aportación sobre todo en el ámbito de la salud física.

A mis más destacados mentores: Eckhart Tolle, Ryder Carroll, David Allen, Stephen Richards Covey, Brian Tracy, Victor Küppers, James Clear, Stephen Guise, Dale Carnegie, Napoleon Hill, Bob Proctor, Wayne Walter Dyer, John Calvin

Maxwel, Ken Robinson, Cal Newport, Morgan Housel, Robert B. Cialdini, Jon Kabat-Zinn, Timothy Ferriss, Matthew Walker, Jürgen Klaric, Simon Sinek, Steve Jobs, Johann Hari, Daniel Levitin, Darren Hardy, Cipri Quintas, Mónica Galán Bravo, Chet Holmes, Tiago Forte, Jake Knapp, John Zeratsky, Jim VandeHei, Mike Allen, Roy Shwartz, Robert Kiyosaki, George S. Clason, Vicki Robin, Joe Dominguez, Amagoia Eizaguirre, Gayle M.V. Delaney, Shane Parrish, Mark Manson, Ivan Armengod, Pedro Vivar, Isabel Sousa, David Gómez, Ramón Nogueras, Borja Vilaseca, Sergio Beguería, Juan Domínguez, Jana Fernández, Dr. David R. Hawkins, David J.P. Phillips, Daniel Z. Lieberman, Michael E. Long, Dra. Isabel Belaustegui, Dr. Manuel Sans Segarra, Dr. Vicente Mera, Elsa Punset, Erich Fromm, Emilio Carrillo, Françoise Dorn, Dr. Joseph Murphy, Javier García Campayo, Nathalie Zammatteo, Joe Dispenza, Tony Robbins, Héctor García (Kirai), Francesc Miralles, Thich Nhat Hanh, Neale Donald Walsch, Deepak Chopra, Miguel Ángel Ruiz Macías, Louise Lynn Hay, Robin S. Sharma, Jonas Salzgeber, Hermes Trismegisto, Krishnamurti, porque gracias a ellos he podido descubrir cuáles son mis más destacadas capacidades y cualidades y así encontrar el verdadero sentido y propósito de mi vida.

Gracias a todos los artistas musicales por compartir su magia, su esencia y su música, pues sin ella mi vida hubiera estado incompleta.

Especial mención a la Madre Tierra, que nos alimenta y da cobijo. Y al Universo, del cual formamos parte, compuesto por ese polvo de estrellas del cual estamos hechos y que forma parte del Todo.

Y a todas las personas y profesionales que me he ido encontrando por el camino, y que han hecho posible que pueda tener una segunda oportunidad para vivir. Seguramente tú que estás leyendo esto, que te has cruzado en mi camino, también serás una de ellas, así que ¡GRACIAS, GRACIAS, GRACIAS!

Burgos, domingo 10-12-2023 - 04:30h.

Burgos, miércoles 10-04-2024 – 04:24h. / Jueves 25-04-2024 – 11:15h /

Viernes 17-05-2024 – 20:06h

"

*"Yo necesito pocas cosas y las pocas que necesito,
las necesito poco"*
Francisco de Asís

"

Ideas y lo que quiero recordar tras leer este libro

"

"El viaje más maravilloso no es al centro de la tierra o a los confines del Universo, sino al fondo de uno mismo"
Julio Verne

"

•   •

Este libro se terminó de imprimir
el 21 de junio de dos mil
veinticuatro, Día
Internacional de
la celebración
del Solsticio.

La
segunda
edición se
imprimió el 13
de noviembre de
dos mil veinticuatro,
Día Mundial de la Bondad.

•   •